主编简介

丁浩　男，汉族，1975 年 3 月出生，江苏南京人，南开大学历史学硕士，副研究员。2000 年 7 月参加工作，1996 年 12 月加入中国共产党。现任北京外国语大学党委学生工作部部长、学生处处长，兼北京多语言服务中心副主任、北京高校学生工作学会副理事长、秘书长。主要研究领域为高等教育、学生管理。

王舒圆　女，汉族，1977 年 10 月出生，吉林长春人，中国人民大学法学博士，讲师。2003 年 7 月参加工作，1999 年 5 月加入中国共产党。现任北京外国语大学党委学生工作部副部长。主要研究领域为大学生思想政治教育。

高校校园文化建设成果文库

春风化雨讲故事　掷地有声树理想

北京外国语大学“故事育人”教育模式理论与实践

丁　浩　王舒圆◎主编

光明日报出版社

图书在版编目（CIP）数据

春风化雨讲故事　掷地有声树理想：北京外国语大学“故事育人”教育模式理论与实践 / 丁浩，王舒圆主编. --北京：光明日报出版社，2020.4

ISBN 978-7-5194-5681-8

Ⅰ.①春…　Ⅱ.①丁…②王…　Ⅲ.①高等学校—思想政治教育—教育模式—研究—中国　Ⅳ.①G641

中国版本图书馆 CIP 数据核字（2020）第 051216 号

春风化雨讲故事　掷地有声树理想：北京外国语大学“故事育人”教育模式理论与实践

CHUNFENG HUAYU JIANG GUSHI　ZHIDI YOUSHENG SHU LIXIANG：BEIJING WAIGUOYUDAXUE“GUSHI YUREN”JIAOYU MOSHI LILUN YU SHIJIAN

主　　编：丁　浩　王舒圆

责任编辑：曹美娜　黄　莺　　　　责任校对：肖晓庆
封面设计：中联学林　　　　　　　责任印制：曹　诤

出版发行：光明日报出版社
地　　址：北京市西城区永安路 106 号，100050
电　　话：010-63139890（咨询），010-63131930（邮购）
传　　真：010-63131930
网　　址：http：//book. gmw. cn
E - mail：caomeina@ gmw. cn
法律顾问：北京德恒律师事务所龚柳方律师

印　　刷：三河市华东印刷有限公司
装　　订：三河市华东印刷有限公司
本书如有破损、缺页、装订错误，请与本社联系调换，电话：010-63131930

开　　本：170mm×240mm
字　　数：221 千字　　　　印　　张：14
版　　次：2020 年 4 月第 1 版　　　　印　　次：2020 年 4 月第 1 次印刷
书　　号：ISBN 978-7-5194-5681-8

定　　价：89.00 元

编委会成员名单

序

几年来，北京外国语大学整合教育资源，以故事育人，邀请名师讲好中国故事、教授讲好人生故事、朋辈讲好成长故事，打造社会主义核心价值观教育新模式。通过讲好“三个故事”，在理想信念、人生价值、社会责任培养上，把深奥的学理融入大学生思辨吸收过程，融入大学生成长过程，增强了他们对社会主义核心价值观的认同与理解，起到了“春风化雨讲故事，掷地有声树理想”的教育效果。

“故事育人”教育模式是以社会主义核心价值观教育为核心，将理想信念教育融入到日常思想政治教育当中，引导学生联系自身实际，自觉转变观念、转变思想，真正实现大学生群体思想与行动的有机互动。“故事育人”模式开拓了社会主义核心价值观教育的渠道，是帮助大学生树立正确的世界观、人生观、价值观的实践平台，也是一个学生乐于接受，主动参与，自我教育，相互教育的综合成长的平台。实践证明，该教育模式在价值观教育中实现了三个增强，即增强了学生的四个自信，促进学生树立远大理想；增强了学生的社会责任感，引导学生自觉端正社会价值取向；增强了学生成才励志创新的时代使命感，帮助学生选择正确的个人价值追求。“故事育人”教育模式正是一个自我展现和自我完善的平台，每一位大学生的学习、感悟、修炼都能在平台上找到回应，从而促进大学生群体的健康成长。

目　录
CONTENTS

01

家国故事篇

丁一凡:20国集团发展史及中国在其中的作用

作者:丁一凡　编辑:吴越

丁一凡,毕业于北京外国语学院(现北京外国语大学)法语系,后赴法国学习,获波尔多政治学院学士、波尔多大学法学院政治学硕士、博士,曾在美国约翰斯·霍布金斯大学国际关系研究院做访问学者。曾任新华社国际部和光明日报国际部编辑,光明日报驻巴黎首席记者,国务院发展研究中心世界发展研究所副所长。现为国务院发展研究中心世界发展研究所研究员。发表过有关经济全球化、欧元、知识经济、国际金融危机、美国霸权的悖论、美元霸权(合著)、欧债危机启示录、民主悖论等专著8部,编纂过《权力20讲》一部,发表过学术论文数十篇,在各种全国性报纸、杂志上发表过文章数百篇。

在中国杭州举行的20国集团峰会在世界上引起了很大的舆论反响,有评论说中国主导国际经济秩序的时代随着这次峰会的落幕来临了。这是一件大事,本文将重点阐释20国集团的发展历程及中国在其中的作用。

从G7到G8的发展史

"G20"20国集团是21世纪的产物。G20国家领导人每年会晤一次,年中还有多次部长、司长级的会议,各国协商一致后才会采取行动。地区和国际组织,比如上海合作组织,都有固定的秘书处和组织机构。G20既不是地区组织,也不是国际组织,它没有固定的场所,没有固定的组织机构,但它仍然是非常重要的平台。

（一）G7 的诞生及作用

20 国集团实际上是 7 国集团的自然延伸，所以我们要知道 20 国集团的由来首先要知道 7 国集团的由来。7 国集团即曾经的 8 国集团，因为乌克兰危机和俄罗斯在危机中的表现，认定俄罗斯违反了国际法惯例，违反了国际关系准则，将俄罗斯开除出了 8 国集团，成为后来的 7 国集团。

7 国集团既不是国家组织，也不是地区组织。20 世纪 70 年代，全球最发达的一些经济体自己自发联合，组成了 7 国集团。从这个角度讲，无论是当时的 7 国集团还是现在的 20 国集团，就是一个国际俱乐部。我们知道，一个俱乐部，只要几个朋友，大家愿意组合在一起，互相邀请你所习惯、所熟悉的人参加就可以了。所以当时的 7 国集团和现在的 20 国集团，就是志同道合的国家自发组成一个俱乐部，在这个俱乐部里商讨共同的话题，来达成一致共同解决问题。世界舞台上第一个国际俱乐部类型的组织就是 7 国集团。

1. 历史背景

7 国集团的诞生有具体的历史背景。7 国集团第一次开会是 1975 年，第一次石油危机爆发之后，发达国家基本进入了一轮长期的经济衰退，各个国家都需要保护自己，才能够在全球性的经济衰退中找到更好的出路。这时发达国家经济体里最主要的两个经济体，法国和西德两个国家出面，说需要协调主要工业国的宏观经济政策，避免彼此之间的矛盾冲突，因为如果当时主要工业经济体的宏观经济政策出现矛盾和冲突，整个世界的经济衰退就会持续更长的时间。在此背景下，当时法国的总统吉斯卡尔德斯坦出面提议召开一次工业化国家的首脑会议，当时国际社会认定的主要工业国家只有 6 个，分别是美国、日本、西德、法国、英国和意大利。这 6 个国家召开了第一次会议。第二年，也就是 1976 年，美国提出邀请加拿大加入，所以 6 国集团在成立之后的第二年就变成了 7 国集团。

2. 会制建设

7 国集团只是一个俱乐部，不是一个稳定的国际组织，没有固定的秘书处，只是决定了所有的成员国轮流组织会议，每年开 1 ~ 2 次会议，由主席国负责所有国家的组织工作，来协调各方面的利益和立场。1975 年，第一次 6 国首脑会议在法国朗布依埃宫召开。法国朗布依埃宫是法国国王避暑的行宫，在巴黎郊区，因为风格独特，被选为第一次 6 国首脑会议的场所，此后各国达成协议，每一次 7 国首脑会议都不在首都等大城市举行,而是在主席国一些比较精致的乡村或者比较僻静的地方举行。在这些地方举行首脑峰会有两大好处:一是可以让7国领导人能在比较私密幽静的情况下畅所欲言地探讨世界经济治理最主要的问题,另一个是可以有效防止各种各样的抗议浪潮。近年来,发达国家在举办20国集团首脑会议或者7国集团首脑会议时,往往会出现大规模的抗议,而在比较偏僻的地方开首脑会议,安保活动比较好组织,不会出现领导人安全得不到保障的尴尬局面。因此,从第一次7国首脑会议以来,各个国家召开首脑会议的时候一般选择的都是比较僻静的地方。

从1975年到1979年,7国集团每年都举行一次峰会,7个成员国的领导人相聚一堂不停探讨和协调,就是为了协调彼此之间的宏观经济政策。G20召开以来,首脑经济会议已经不那么神秘了,因为各个国家最主要的机构都参与了G20的准备工作,但是在20世纪70年代,7国首脑会议立下规则,每个国家的领导人只能带一名经济顾问参加会议,会上决定以后,各个国家再回去落实这些经济政策。我曾以光明日报驻巴黎记者这个名义多次采访过法国的前政要和法国当时的政要,包括法国前总统吉斯卡尔德斯坦,他是7国集团峰会的倡议发起人,知道很多内部的故事。我曾问他,当年在人员如此少的情况下如何组织会议,他回答说,协调各国宏观经济政策的过程中会出现很多障碍,而这些障碍主要来自于各个国家的官僚机构,官僚机构办起事来经常拖拖拉拉,使得7国集团首脑会议达成的决议无法执行,因此后来他和当时的西德总理史密特达成默契,在7国首脑会议上倡议改变这种官僚主义的拖塌,每名领导人只带一名助手参加会议。所以当时的峰会上,除了旁听的国际经济组织领导人,只有这7个国家的领导人和他们的助手。定期参加并旁听7国首脑峰会的国际组织领导人有三位,分别是世界银行行长、国际货币基金组织总干事和欧盟委员会主席。

3. G7的国际地位

与今天在金融危机之后召开20国集团峰会类似,20世纪70年代的7国首脑会议是为了解决全球经济危机后期的后遗症。所以每年的会议都是在协调讨论如何对付危机、如何走出危机。

20世纪70年代的G7与如今的G20虽然在数量上相差悬殊,但是在国际地位上确实能够等量齐观。在20世纪70年代,当时所谓工业7国在全球经济中所占的比重和今天的20国集团在世界经济中间占的比例所差不多。G20集团中20

个国家的经济体量是全球经济的 90%，其他近 200 个国家加在一起在全球经济中间占的分量也只有 10%。而 20 世纪 70 年代，工业 7 国的经济总量等于当时世界经济的 87%，其他经济体，包括中国在内，在全球经济中是微不足道的。只要这 7 国协调一致，他们的决定对世界经济的影响是巨大的。当时法国和德国的领导人是 7 国的主心骨，因为当时的法国和西德的领导人都是非常有经验的政治家。吉斯卡尔德斯坦曾经是戴高乐政府最年轻的财政部长，而西德的总理史密特也曾经是西德的财政部长。在中国体制里面，税务局管税收，财政部管支出，不是一个部门，但是在西方政府体系里面财政部同时掌握着国家的预算和收入，是西方国家政府最重要的部门。当过财政部部长的人，对国家财政的管理、国际经济的规则非常清楚。而美国、加拿大、日本这些国家的领导人，因为大部分没有做过财政部长，在宏观政策协调方面经常拿不出意见。当时 7 国首脑会议上最主要的政策建议都来自于法国和西德，他们的建议推动了 20 世纪 70 年代这些国家宏观政策的改革。

4. G7 在 70 年代的作用

G7 在协调发达国家宏观经济政策中起到了巨大的作用。20 世纪 70 年代，石油第一次成为各个国家最主要的基础大宗商品。石油是工业化社会所必不可缺的，不仅为各种各样的运输工具提供燃料，也是现代工业最主要的基础材料。石油的价格一涨就会带来通货膨胀，从来如此。1973 年石油危机之后，石油价格暴涨，引起全球性的通货膨胀，物价暴涨，经济增长也陷入了严重的衰退，由此产生了一个新的名词——滞胀。

滞胀的英文 stagflation 是一个拼合词，前面是 stag 是 stagnation 停滞的前半部分，后面 flation 是 inflation 通货膨胀的后半部分。停滞的前半部分和通货膨胀的后半部分加在一起，造出了一个新词，叫滞胀。汉语翻译成滞胀之后，因为我们的媒体不断地用这个词，大家都觉得习以为常，但直到 1973 年之前，经济增长的停滞和通货膨胀的上涨同时发生，在传统的经济学里面认为是根本不可能出现的。传统的经济学认为，通货膨胀对于经济增长是有利而无害的，但是如果通货膨胀太严重，可能会引起社会动荡的时候，就需要提高利息扼制通货膨胀，而扼制通货膨胀一定会影响经济增长，也就是会导致经济停滞。所以传统的经济学认为通货膨胀和经济停滞实际上是一对矛盾，只能选其一，不能两个都选。

石油危机爆发后，经济增长停滞了，但是通货膨胀还在拼命往上涨，这是一个当时经济学理论无法解决的问题，所以出现了滞胀这个词，人们也开始研究滞胀的原因。恰好7国集团的首脑在解决这个问题的过程中起了重要的作用。在这个过程中涌现了一批经济学家的理论，最有名的就是一些美国经济学家提出的"理性预期"理论，该理论认为之所以会出现滞胀，也就是经济停滞和通货膨胀上涨，是因为一般认为通货膨胀会促进经济增长，而民众知道这个道理后，就对通货膨胀产生了一种理性预期，觉得既然未来通货膨胀会上涨，我就要在工资中把这个因素加进去。这些因素加进去以后使得通货膨胀抑制不住，而经济增长停止。

曾经试图解释经济滞胀的经济学家，后来都靠这些理论得了诺贝尔经济学奖。提出"理性预期"理论的芝加哥大学经济学教授卢卡斯就因此获得了诺贝尔经济学奖。7国集团峰会一直把通货膨胀当作影响滞胀的最重要的因素，然后在治理通货膨胀上采取了统一的措施，使得世界经济慢慢地走出了衰退，但是这种情况到了20世纪70年代末期、80年代初期的时候就产生了一些变化，也就是说7国决策机制慢慢地出现了一个变化。

5. 80年代的转变

20世纪70年代，世界主要的经济决策都是在7国集团的首脑会议，也就是在峰会上，由参会的7国最主要的决策人，也就是法国总统、西德总理、美国总统、其他国家的总理共同决定。进入80年代以后，美、法、德等国先后更换了领导人，新的领导人对讨论宏观经济政策不感兴趣了，7国首脑峰会的作用也就慢慢淡化了。但是那个时候的世界经济还需要协调7国的共同立场，所以自然而然地，7国集团存在下去了，但是7国集团的决策机构从原来的首脑会议转为各国财政部长与央行行长的会议。7国财政部长和7国的央行行长会每年一次，见证了广场协议、日元升值、马克升值等重大事件的发生。

1985年，7国的央行行长和财政部长在纽约的广场饭店开会，他们认为当时美元的汇率太高，过于坚挺，影响了美国贸易赤字和国际收支的平衡，所以签订协定，决定共同干预市场让美元贬值，让日元和德国马克大幅升值。因为在广场饭店开会，这个协定就叫广场协议。广场协议在媒体和许多专家的研究著作中都有反映，有人认为因为广场协议逼着日元大幅升值，造成了后来日本的泡沫经济和经济衰退。

两年之后，7国在法国卢浮宫北侧、法国财政部的所在地开会，达成卢浮宫协议，各国再次干预市场，稳定汇率，带来了80年代全球性的汇率稳定。

(二)从 G7 到 G8 的发展

1991 年,苏联解体后,戈尔巴乔夫第一次被邀请来旁听 7 国集团的峰会,此后俄罗斯总统叶利钦也被邀请参会。1997 年,俄罗斯正式成为 8 国集团的成员。在苏联解体之前,苏联是世界最大的经济体之一,但在那个意识形态斗争激烈的时代,苏联不可能参加 7 国集团这个西方国家集团。相反,苏联解体以后,俄罗斯的经济大幅衰退,到 90 年代初期,经济总量已经降到了跟欧洲最小的国家葡萄牙相当的地步。在那种情况下,把俄罗斯拉进了 7 国集团纯粹是政治原因,是为了赏赐俄罗斯加入西方意识形态阵营。

然而,从一开始 7 国集团就是为了协调最主要世界工业化国家的宏观经济政策,成员都是世界经济的中坚力量。把俄罗斯这个已经变得只有一个葡萄牙大的经济体邀请进来,参加宏观经济协调的讨论,使得 8 国集团的峰会变成了纯粹的摆设。8 国集团每年的申明包罗万象,不仅关心世界经济的走向和平稳,对安全问题等各种问题都要发表一些评论和解释。

虽然 8 国集团领导人好像讨论的范围扩大了,但是因为 8 国集团只是一个俱乐部,不是法定的国际组织,其申明只对自己国家有一定的约束力,不像联合国安理会或者联合国大会能够将其决议强加于其他的国家,所以尽管 8 国集团首脑峰会在申明中对什么问题都表态,实际上却没有影响力,既不能维护世界的和平与安定,也无助于世界经济增长。因此,8 国集团峰会在 20 世纪 90 年代变成了清谈馆,无论对其成员国还是对外界都不具有约束力。

G20 的产生

(一)产生背景

20 世纪 90 年代,国际金融危机频频爆发。1996 年、1997 年出现亚洲危机,从东南亚开始,到东北亚的韩国和日本,再到中国台湾,均陷入经济危机,中国香港也遭波及,幸得中国大陆出手相救,才避免了一场大型货币危机。1998 年,这场危机从亚洲转移到了拉美,世界经济不稳定性急剧增加,国际舆论对 8 国集团作为全球治理模式和机制的作用产生质疑。与此同时,新兴经济体开始崭露头角。从 90 年代后期开始,中国、俄罗斯、印度相继崛起。新兴经济体的崛起和国际金融市场的动荡使得 7 国集团重新考虑全球治理问题,将旁听席的欧盟委员会主席变成了正式成员，并加上了澳大利亚和10个新经济体成员，包括6个亚洲成员、3个拉丁美洲成员，以及南非。这20个经济体的国民生产总值之和占全球的90%，人口占全球的2/3，贸易占全球总量的80%。只要这20个经济体协调一致，劲儿往一处使，对世界经济的影响是不言而喻的。第一个提出20国集团建议的人是加拿大财政部长保罗·马丁。在他的建议下，1999年在柏林召开了第一次20国财长和央行行长会议。

2003年，马丁当选加拿大自由党领袖，出任加拿大总理，他向当时的美国总统布什建议把20国央行行长和财政部长的会议变成国家领导人的会议，但布什没有接纳。直到2008年国际金融危机之后，20国集团峰会机制才正式形成。2008年11月，20国集团的领导人在华盛顿召开了第一次G20峰会，9月又在彼茨堡召开了两次峰会，频繁讨论如何稳定国际金融。峰会促成了国际金融体系改革的一些措施和商议，比如增加新兴经济体在国际金融体系中的投票权和权重等。2011年11月在法国戛纳召开第六次峰会之后，20国集团峰会稳定到每年一次，每年都会做出一些重大决定。但是随着时间的推移，危机越来越远，从2014年在布里斯班召开第九次峰会和2015年在土耳其安塔尼亚召开第十次峰会后，20国集团在协调经济改革方面拿出的新措施越来越少，国际舆论对20国峰会机制的疑问越来越多。

（二）G20在全球治理中的作用

1. 规避经济萧条

2008年金融危机爆发以后，演变成一场全球的经济大萧条。金融大鳄乔治索罗斯曾说，这场危机的效果和对金融市场的冲击不亚于1929年纽约美国股市的崩盘和由此带来的全球经济大衰退。从这个角度讲，之所以2008年以后没有出现经济大萧条，G20峰会机制起了很大的作用。1929年纽约股市崩盘、全球经济危机来临之时，世界主要经济体之间缺乏协调机制，各国竞相货币贬值，以保持出口产品的竞争力，意图使自己率先走出经济危机。可是大家都在让自己的货币贬值，这引起了全球市场的混乱。

2008年经济危机之后，20国首脑马上召开了一次峰会，各国领导人都保证不走以邻为壑的老路，也就是不搞货币竞相贬值的贸易保护主义，都承诺要做巨大的刺激经济计划。为此，中国政府拿出4万亿的财政刺激，加上各种各样的政府贷款和投资，总投资规模大概有20几万亿。这20几万亿确实刺激了中国经济，使得世界经济基本萧条的情况下，中国仍然保持了9%以上的高速经济增长，但同时也留下了房地产泡沫等隐患。

各国均采取维持高经济增长的政策,而发达国家的政策产生了许多所谓外溢效益。发达国家的宏观政策与新兴经济体的宏观政策之间开始出现分歧。发达国家为了防止经济衰退,采取的都是极其宽松的货币政策,即量化宽松。量化宽松是美国中央银行美联储采取的一个办法,就是以中央银行的名义形式来购买财政部发的国库券,西方的经济学教科书里把这种行为称作发钞票。一般来说,中央银行不应该随便购买政府发的国库券,因为这样做就等于增加货币供给。美国搞了三轮量化宽松,大量购买国库券,为整个市场增加了大量货币。而美元作为国际储备货币泛滥到全世界,最终造成其他国家的资产泡沫膨胀。中国房地产的膨胀很大程度上也是因为外来资金太多。连资本管制也挡不住这些外币进入中国。

2014 年以后,美联储退出了量化宽松,美元又开始回流美国。2014 年以前的人民币升值和 2014 年以后的人民币贬值,很大程度上都是这一轮资本运作的结果,源头就是这些发达国家货币政策的变化。中国人民币虽然出现了贬值和升值,但是幅度都是较小的、可控的。如果横向地比较一下巴西雷亚尔的贬值和升值过程,巴西出现了政治动荡,鲁塞夫被弹劾,很大程度上是因为经济的动荡,而经济动荡很大程度上是因为货币不稳定。当时雷亚尔贬值超过 40%,资本外逃和通货膨胀严重,巴西经济极端不稳定,这些都是新兴经济体遭受的发达国家的货币政策外溢效益。新兴经济体无形中成为牺牲品和替罪羊。发达国家人民认为世界经济的不景气,国家整体的经济情况不好,是因为新兴经济体的发展给他们带去了矛盾,抢了他们的饭碗,使得他们的失业率增长,所以发达国家民粹主义大幅兴起,反全球化成风。

最近,特朗普在竞选美国总统演讲时还强调是中国人抢了美国人的饭碗,中国的发展抢了美国的就业。这代表发达国家舆论开始质疑 20 国集团机制的作用。在这种背景下,中国成了 G20 的轮举主席国,愿意重塑 G20 在全球治理中的作用。一方面,它代表全球经济的 90%,全球人口的 2/3;另一方面,所有的金砖五国都是 G20 的成员,每一次 G20 峰会前金砖国家领导人都要事先磋商,协调统一口径和立场,因此对于中国而言,G20 是新兴经济体与原有的工业化国家对话、协调、谈判的理想场所,非常有意义。

2. 促进全球增长和贸易自由化

G20 是让工业化国家领导人做出促进全球增长和贸易自由化的承诺的理想

场所。从 2014 年以来,每一次 G20 峰会,中国都会积极地提各种各样的提案。本次杭州会议是第一次中国主场,可以看出这次 G20 会议的议题中融合了中国的发展思路。前几次 G20 峰会上,虽然提出了促进全球经济增长的一些倡议,但是基本上无法落实,所以本次杭州 G20 会议得到了 G20 领导人的大力支持。G20 曾经是协调各国宏观经济的场所,然而到现在为止,宏观经济政策的两大支柱,货币政策和财政政策已经没有更多的回旋余地了。在货币政策下,提高利息,紧缩货币政策,可以控制通货膨胀,而危机之后要刺激经济增长,就要不断地放松货币政策,不断降息,以至于最后实行量化宽松,以所谓的名义负利率(即一般商业银行把钱放到中央银行,中央银行要惩罚性地倒收利息)减少人们的储蓄欲望,刺激投资。财政政策通俗而言就是增加公共投入,投资基础设施建设。但是财政政策与国家的负债水平相关,负债水平过高就不能通过继续扩大公共财政开支来刺激经济增长。美联储到现在为止还是 0~0.25 的零利息,而欧洲央行已经在执行名义负利率了,日本中央银行也在实行负利率,也就是说在货币政策上,发达国家的中央银行没有回旋余地了。财政政策也是一样,美国目前的公共债务占 GDP 的 109% 左右,欧元区成员国的平均债务水平达 GDP 的 90% 以上,日本的公共负债率已达 GDP 的 250% 还多,每年日本政府财政预算中的 40% 以上要用来支付债务利息。当一个国家的债务发展到这种水平的时候,政府没有了借款负债的能力,不能依靠借款增加公共开支,财政政策也就没有了用武之地。

现在世界经济处在一种非常不好的状态,有一些美国的大牌经济学家把现在的经济状况称为大停滞。这次杭州会议上中国确实提出了很多内容,中国提出既然财政货币政策都不起作用,我们就应该采取别的措施,推行制度改革,鼓励创新,放松管制,以创新引领世界经济增长,重新恢复国际贸易的活力。这些措施一旦落实下去,不仅对世界经济的回升有作用,对于恢复中国经济在世界经济增长中的强势地位,焕发我国的经济活力的都有很大帮助。

中国在 G20 中的作用

这次杭州会议上,中国开始引领未来全球治理的一些标准,比如提出包容性增长的标准。标准一旦提出来,被 20 国集团的领导人接受以后,后面每一届峰会上都核查 20 国集团成员对这些标准做得怎么样。如此可以保证世界经济未来继续沿着现在的路子走下去。当然,落实这20国峰会的决议还有很长的路要走,但是有了这个机制,有了这些标准,如果这20个集团都按照这些具体的标准去执行的话,世界经济在未来的几年肯定会有一些变化。

中国最近两年一直在提的"一带一路"的倡议在这次20国集团的杭州峰会上得到了充分肯定,变成了全球经济共识。中国提出要加强"一带一路"沿线国家的互联互通,通过20国集团峰会,中国第一次让20个经济体都承认未来全球的互联互通应该成为大家共同努力和投资的方向,如果这些事情都达成的话,无疑会为中国经济下一步的发展奠定一个更好的国际环境,更好地保证全球经济和中国经济发展。

编辑手记:丁一凡先生的奋斗人生可谓"读万卷书、行万里路",非常不平凡。作为北外法语系毕业的优秀学生,他曾赴法国学习,获波尔多政治学院学士、波尔多大学法学院政治学硕士、博士。他在北外当过教师,在新华社和光明日报当过编辑,做过光明日报驻巴黎首席记者,还当过国务院发展研究中心世界发展研究所的副所长,是活跃在国际舞台上的知名中国人士。其学识渊博、视野宽广,在他身上充分体现了"兼容并蓄、博学笃行"的北外精神。

刘志明:明志以报国

作者:刘志明　编辑:廖珊

刘志明,1950年8月出生于宁夏,北京大学法语专业毕业。他1974年2月进入外交部,6月即被外派中国驻布隆迪共和国大使馆,从此走上外交岗位。他曾任中国驻法兰西共和国大使馆参赞、外交部西欧司参赞、驻法兰西共和国大使馆公使。2005年5月,他担任中国人民对外友好协会副会长。2006年11月,他出任中国驻黎巴嫩大使,直止2010年底。

刘志明从事外交事业37年,为国家外交事业贡献了一生,对外交工作中的苦与乐深有体会。他在退休后回顾这一生时坦言,自己从来没有后悔过学了外语,也从来没有后悔过这一辈子从事了外交工作。

翻译工作的艰辛

刘志明1966年初中毕业那会,全国正在轰轰烈烈地搞文化大革命。学业之路中断的他于1968年3月在宁夏参军。1970年,毛主席批示:大学还是要办的,但学制要缩短,教育要革命。北大、清华首先设立了两个实验班,也就是说1970

年全国只有北大和清华这两个实验班招生。刘志明这一年幸运地被部队选派到北大学习法语。虽然这并不是他自己做出的选择和决定,但这个决定却如梦幻般地改变了他的人生轨迹。

1974 年 2 月,刘志明被分配到外交部,踏上了外交之路。他外派第一站是非洲的布隆迪。四年后,他又被派到摩洛哥驻华使馆,担任中国秘书,也就是翻译。1982 年底,外交人员服务局进行了一次中外文水平考试。由于名列前茅,外交部的干部司推荐其到外交部翻译室工作,刘志明从此深尝翻译工作苦甜交融的滋味。

外交部翻译室的翻译工作对外语的要求是比较高的。特别是刘志明 1985 年被任命为法文处副处长,开始给国家最高领导人做一些翻译工作。刘志明他们当时在北大的学制只有三年。而且在当时的历史条件下和政治氛围中,这三年的时光中有不少被耗在了“野营拉练”“学工”“学农”“学军”(他们就曾被拉到保定 38 军去“学军”)之类的活动之中。所以当时在大学的三年里,能够学到的知识是很有限的。他进入外交部后,虽然第一个常驻的国家布隆迪的官方语言是法语,但这个国家当时 70% 的居民是文盲,很多人根本不会讲法语。到外交人员服务局后,也一直没有很好的学习条件。刘志明一直在努力,但始终没有获得到国外留学的机会。他进入外交部翻译室工作的时候,已经 33 岁了。一般来说,在翻译室做口译,35 岁就该“退役”了。但刘志明 33 岁了才开始“学徒”,困难和压力是显然易见的。摆在他面前的只有两条路,要么把业务能力干上去,要么离开这个工作要求很高的地方。

不肯服输的刘志明决心尽自己最大的努力。只要是能接触到的法文资料,他都如饥似渴地学习。他每天坚持听广播、看法文书刊报纸。通过这样的努力,他的法文水平逐步得到了提高,承担了越来越多的翻译任务。他在回忆这些往事时说,感恩北大的老师们在当时那么困难的历史条件下仍然给他们打下了比较扎实的法语语法基础,使他们掌握了学习的方法。他始终牢记北大一位老师给他讲的一段话:“要学好法文,就要不管是什么法文书,只要能得到就看,见到不认识的字就查,查了以后不一定记笔记。你只要看过四十本书,你的法语就过关了。因为最常用的字词你都记住了。”刘志明一直牢记着恩师的话,在摩洛哥驻华使馆工作期间,由于没有学习材料,他在与摩洛哥人熟悉了以后,便向他们转借他们第二天就要还回法国文化中心的小说,利用晚上的时间看书。那时住房条件有限,他家只有一间房,他就在走廊里摆一张床,经常看书到半夜。

回顾这一生,刘志明坦言,虽然最初学习法语不是自己选择的,但他却深感这是命运对他的眷顾,他深深为之庆幸。他说,人生在世,各有自己的追求。有的人追求物质享受,有的人追求精神富有,而学习外文可以为使人们精神更加富有创造了条件。学习和掌握了一门外语,就等于世界从此为你打开了一扇新的窗户。透过这扇窗户,人们可以看到很多本来看不见的人,看到不同的世界。通过阅读外文书籍、收听外文广播,进行对外交往,观察外部世界,扩大视野,增加知识和见闻,服务国家和社会,丰富自己的精神世界。语言是承载和传播文明的工具,当人们学习和掌握了法语,就等于拥有了通向法语世界的钥匙。不但能够看到法国,看到欧洲讲法语的比利时、瑞士、卢森堡,还可以看到非洲二十多个讲法语的国家,了解它们的文化,认识它们的文明。这些国家当中既有北非的阿尔及利亚、摩洛哥、突尼斯、毛里塔尼亚、中东的黎巴嫩,也有大批的撒哈拉沙漠以南的非洲国家。这些国家的历史、地理、自然、景色、风俗习惯,各式各样,多彩纷呈。

刘志明从事外交工作37年,在国外常驻了20年。他在非洲待过,在欧洲待过,后来也到中东待过。加上在外交部翻译室经常需要临时陪团出差,可以说他几乎跑遍了整个法语世界。他坦言,从事外交事业是有苦有甜的,有的时候需要付出很多。常驻国外时要离乡背井,照顾不了父母,并且有时候还可能面临艰苦的自然条件和战乱,但从事外交能让一个人见多识广、阅历丰富。

说说法国

刘志明前后在法国常驻了8年。他认为法国是个很有特点的国家。法兰西文明虽然不像古巴比伦、古埃及、古印度和中华文明那样的悠久,也没有像古罗马、古希腊那样辉煌,但它的灿烂,是能够使它在人类的文明史上占据一席地位的。近代,人类的四大古老文明衰落,欧洲成了世界的中心。从中世纪一直到文艺复兴,欧洲的中心更多是在罗马也就是在现在的意大利,而到了17世纪,欧洲的中心就转到了法国,路易十四在法国建立了一个强大的君主专制国家,通过一系列对内改革和对外征战,使法国成为欧洲最强大的国家和霸主。路易十四在凡尔赛宫奢华的生活,成为欧洲各个宫廷王室竞相效仿的对象。而讲法语也成了欧洲上流社会时髦、身份的象征。俄罗斯大文豪托尔斯泰所写的小说中,就曾大段地引用人物之间的法文对话,描述了当时俄罗斯上流社会是如何通过讲法语来炫耀身份的。

17、18 世纪，欧洲爆发思想解放运动。启蒙运动的几个主要代表人物，比如伏尔泰、孟德斯鸠、卢梭都是法国人，法国成为启蒙运动的中心。启蒙运动在历史上发挥了重要的作用，他为后来的法国大革命做了思想准备，孟德斯鸠在当时提出的三权分立思想至今仍然是西方政治体制的基石。除此之外，最彻底的资产阶级革命也是爆发在法国，第一次无产阶级大革命(巴黎公社)也爆发在法国。

19 世纪，拿破仑单枪匹马率领法国与整个欧洲的封建王室抗衡。拿破仑可以说是新生资产阶级代表人物。虽然拿破仑失败了，但是他留下的《拿破仑法典》，至今仍是整个西方民法体系的基础。还有后来的戴高乐将军，对美国闹独立，把北约总部赶出法国，宣布法国退出军事一体化机构，在西方大国当中最先与中国建交，大大地显示了法兰西独立自主的民族性格，提升了法国的国际地位。

法国除了历史上的辉煌以外，在世界文学史上也享有盛誉，雨果、巴尔扎克、司汤达、大小仲马等作家，《悲惨世界》《人间喜剧》《红与黑》《基督山恩仇记》《茶花女》等作品都闻名于世。另外，法国人浪漫，热爱生活，讲究享受生活。法国的大餐、红酒、香水、时装享誉全球。法国的艺术，包括建筑、绘画、雕塑等，也都有很高的水平。我国的绘画大师，像徐悲鸿、刘海粟、吴作人这些人都在法国学习过。巴黎的卢浮宫、凡尔赛宫，毫无疑问都是世界顶级的艺术殿堂。埃菲尔铁塔是大建筑师埃菲尔为迎接 1900 年的世界博览会于 1899 年建成的，距今已经有一百多年的历史了。当时这座铁塔被看作一个与巴黎的城市建筑风格完全不符的怪物。但是今天这座铁塔成了世界上每天参观人数最多的名胜之一。埃菲尔铁塔就有力地证明了法国人的想象力和创造精神。

由于法国资源并不丰富，所以很多产品都是靠水做成的，比如依云矿泉水、红酒、香水等。法国人还有个特点，就是他们似乎比西方其他国家的人更讲究合理的利己主义，更珍惜和维护自己应该有的权利，更追求自由平等。世界上资产阶级大革命和无产阶级大革命都最先在法国爆发，绝不是偶然的。法国人的周末和年假是神圣不可侵犯的。刘志明说，他在法国工作了八年，他的印象里巴黎似乎每一天都有人罢工，而且，越是到了夏天，越是到大家都需要乘坐公共交通外出休假的时候，航空公司、铁路公司、地铁公司就越容易罢工。可以说法国人的革命精神特别强。当年周总理、邓小平、陈毅这些老一辈革命家之所以选择去法国寻找救国救民的真理和道路，恐怕也不是偶然。虽然现在法国没有像以前那么强的影响力了，但在国际上，特别是在欧洲，法国仍然是个有重要影响力的大国。它不但是联合国安理会的常任理事国之一,而且是欧盟的核心国家之一。

法语是法国的语言,它承载了一种悠久的文化、灿烂的文明,是博大精深的,值得我们努力地去学习和掌握。除了有几十个国家使用法语以外,它还是联合国工作语言之一,而且法语和英语是其中最常用的两种。法语也是众多的国际组织和机构的官方语言,在相当长的时间里,当不同的国家对一个国际文本的解释出现分歧的时候,这些国际文件经常是以法语为准,因为法语比较严谨,不易产生歧义。

动员同学们加入外交队伍

刘志明大使说,学好法语,包括学好其他的语种,施展才能的天地很宽广。请大家不要担心没有施展自己才华的地方。他说,他曾经应邀到另外一个大学去做过讲座,可能是毕业班的关系,同学们最担心的是毕业以后的就业前景。十多年的寒窗苦读,不但自己付出了很多,很多父母也省吃俭用,辛辛苦苦地供养自己,大家希望毕业以后能够找到一份称心如意的工作,这是完全可以理解的。虽然现在高科技发展得很快,有人已经发明了一种翻译器,帮助人们进行口译和笔译,但刘志明大使认为,翻译机器不可能完全取代人。一是翻译器里面能够储存的词汇不是无限的,二是无论是中国人,还是外国人,许多人是有口音的,机器是难以完全辨认的。三是人与人的沟通中常有情感因素在里面,冷冰冰的机器是没有能力传递这种情感的,因此,人的作用是无法被机器替代的。

刘志明大使认为,从历史角度来看,近代以来,中国的国际地位从来没有像今天这么高过,中国的对外交往,无论是政治上的、经济上的、文化上的,还是民间的交流,都只会越来越多,规模也只会越来越大,国家只会越来越需要能够顺利地进行对外沟通的人才。要想对外销售产品,需要把说明书翻译成外文,在进行各种展销也需要与外商进行沟通;要搞"一带一路",扩大对外投资,更需要大批的能够与外界进行沟通的人才。现在在各种国际机构当中,中国的代表性还远远不足,一个重要的原因就是人才严重缺乏。我们的对外文化交流也需要大大加强,对外宣传更是需要大大加强,中国在国际上的话语权跟现在中国的实际地位是远远不相称的,西方媒体仍然牢牢地把持着国际的话语权。外部世界通过西方媒体所获得的有关中国的信息往往是不真实的,中国的形象往往是被歪曲的。而要在国际上扩大我们的话语权,也需要大量能够进行沟通和传播的人才。

同样,随着我们国际地位的提升,我们的外交队伍,特别是驻外使领馆担负的任务也越来越重,外交队伍同样需要进一步加强。所有这些需要加强的地方都首先需要人才,需要更多的人才,刘大使说,大家学了外文,不要怕没活干,大家应该担心的是,在未来的岁月里你有没有足够的本事在越来越激烈的竞争当中获胜。如果大家都希望能有一个好的职业发展前景,大家就必须从现在起抓紧每一天努力地学习,千万不要以为考进了大学,自己就进保险箱了,千万不要放松对自己的要求,否则的话是对自己、对自己的父母亲不负责任;再进一步讲,人总是要有一点精神的,不能总想着自己的一亩三分地,也要想想我们的国家和民族,中国能有今天实在不容易,多少人为了这个目标做出了牺牲,奉献了自己的一切。正是由于这些人的奋斗和牺牲才使中国从来没有像今天这样接近民族复兴的目标,也从来没有像今天这样接近世界舞台的中央。刘大使说:“我第一次驻法国使馆是1987年初,那时我是给当时的大使做翻译。从北京到巴黎的飞机都是早上六点多钟到巴黎。大家也许不知道,非洲的国家无论是到巴黎,还是到北京,大多都是半夜到。中国的飞机一大早到巴黎,比非洲国家强一点,但强不了多少。说穿了,还不是因为当时我们的国力不行啊。所以排不到好的时段。而现在大家知道,北京到巴黎的飞机几点到? 下午四点多,这是最好的时段,下了飞机取行李,出了海关回到城里正好晚餐。为什么中国飞巴黎的飞机现在能享受最好的时段? 就是因为中国的国力强了。现在中国人相对富裕了,很多人开始到国外旅游,从中国来的每一架飞机都可能带来很多的中国游客,把他们接待好了就可能给法国带来更多的游客。”

“再一个例子就是我80年代在法国大使馆当大使翻译的时候,有一次我们大使向法国的航空航天部长提出,我们两国能不能在航天领域合作? 当时那个法国部长一脸不屑的表情,我现在仍然记忆犹新。十几年以后,2002年,我又到法国使馆工作,那个时候我们还在争取参加欧洲的伽利略导航计划。为了参加这个计划,我们国家必须得掏钱。即使掏钱,人家都还有点不情愿,怕咱们国家学了人家的技术。大家再看看如今,我们的北斗导航系统已经开始投入使用了。”

说实话,现在国际上拼的就是实力。老话说,“有国才有家”,一点也不假,这是我从事了几十年外交工作的最深刻的体会之一。中国人要想在国际上不受欺负,越来越受尊敬,那就必须齐心协力地把国家建设得越来越强大。古代的有识之士都讲要精忠报国,要“先天下之忧而忧,后天下之乐而乐”,何况我们这一代。

作为一名退休的外交老兵，我衷心地希望同学们能把个人的前途和国家的命运联系起来，为我们民族的早日复兴，实现伟大的中国梦而努力地读书。”

编辑手记：刘志明从事外交事业 37 年，为外交奉献了一生，见证了我国外交事业的辉煌成就以及在国际事务中我国逐渐发挥着越来越重要的作用。退休后，刘志明回顾这一生，他坦言，献身外交事业他从未后悔过。正是由于外交工作者们的无私奉献，才有了今天中国外交的巨大发展。薪火相传，定将有更多人投身外交，为中国外交增添更精彩的一笔。

曾光安：柳工的国际化发展历程和中国制造的国际化

作者：曾光安　编辑：李雪雯　吴越

曾光安，现任广西柳工集团有限公司董事长、党委书记，第十三届选全国人大代表。2009年他在中国CEO高峰论坛入选中国十大杰出CEO，2010年中国国务院授予他“全国劳动模范”称号，2013年荣获“2012年中国商务十大风云人物”称号，2014年荣获“2013年中国机电工业年度人物”及“2013中国工业相关人物”称号。2015年荣获最具影响力的产业领袖人物。2017年，他荣获“2017中国最具国际化影响力产业领袖”及“2017中国品牌影响力年度人物”。2018年，他荣获广西壮族自治区成立六十周年“八桂先进人物”和“2018丝路国际产能合作领军人物奖”，并被受聘为“国际产能合作领军人才培养计划”导师。2019年，他荣获“机械工业经营管理大师”称号及“全球工程机械产业贡献奖”。

广西柳工机械股份有限公司是中国装备制造业的领军企业，自2003年实施国际化战略以来，柳工已成长为一家全球化的公司，在全球拥有300余家经销商、13家海外子公司、13家配件中心、4家海外研发中心（印度、波兰、英国、美国）和3家海外制造基地（印度、波兰、巴西），产品遍布130多个国家和地区，可以说是中国走出去经济发展战略下中国从世界工厂向在世界建设工厂转型的企业典型。

曾光安先生围绕柳工的国际化之路，与大家一起探讨大国崛起和中国制造，分享了柳工在过去的十几年内，作为广西边远地区的一家企业，一步步走向全球，成为全中国装备制造业国际领先企业的历程。

在本次报告的开篇，曾光安先生提到了习近平总书记在2016年谈及的制造业的重要性，一个国家一定要有正确的战略选择，柳工的战略选择就是要继续抓好制造业。中国作为大国，必须要做强实体经济，制造业是实体经济的重要组成部分，要以创新驱动，实现新旧动能转化，同时也要做好知识和人才的积累。从这段话可以看出，总书记对于制造业具有的战略性问题理解非常深。曾光安先生提到自己年轻时候对政治不甚了解，但现在对政治非常敏感。因为政治是人类一切活动的最高表现，它不仅会影响到柳工的企业，还会影响到柳工员工个人的人生、就业、幸福。曾光安先生希望在十九大刚刚召开之后，北外学生的视野能够更加开阔，用全球性战略眼光来看柳工、中国、世界的现在与未来。

曾光安先生此次的报告共分四个方面，包括柳工集团的情况、当前全球制造业的情况、中国制造业面临的一些新挑战以及应对之路。

柳州山清水秀，是工业城市中的旅游胜地。同时它在旅游城市中又是中国的制造名城。谈柳工之前，曾光安先生先谈到了柳工的使命、愿景、价值观。柳工的使命就是致力于为客户提供卓越的工程机械产品、服务。这个使命已经快六十年了。1958年，柳工集团从上海搬到柳州，一直在从事工程机械制造工作。柳工的愿景就是成为世界级的工程机械知名企业，并已经为此奋斗了60多年。柳工的使命和愿景这两点把柳工所从事的产品服务，以及柳工所要达成的企业高度说得细致明白。柳工的核心价值观非常独特，是合作创造价值。柳工位于地理位置相对边远的柳州，工业早年非常不发达，所有机器的零部件都是从华东、东北、华北、西北以及海外等地运到柳州，机械制造好后再运送到全国和全球。正是在这个过程中，柳工形成了必须要合作的价值观。

柳工1958年从上海搬迁至柳州。20世纪90年代到20世纪末，是柳工在改革开放中逐步发展的十年,其间发生了三件决定了柳工未来的大事。第一,柳工引进了美国卡特彼列(音)技术,使产品、技术和管理得到大幅度提升。第二,柳工于 1993 年在深交所上市,成为广西的第一家上市公司,也是中国工农机行业第一家上市公司。二十多年来,柳工始终坚持为客户、为投资者创造价值。第三,柳工与全球第二大汽车零部件制造商合作,成立了一家合资企业。

曾光安先生也与同学们分享了柳工集团在十几年中由中国柳州的地方小型企业成长为全球领先企业的历程。围绕国际贸易的几个阶段,曾光安先生根据柳工发展历程中的几段经历,为同学们讲了几个故事,从欧美到印度,深入浅出的不只是柳工的前进脚步,更是“绿地投资”的相关理论。柳工作为一个国有企业,一直以来把社会责任作为一种基本的责任,从地震灾区到南极科考项目,从社区服务到贫困山区助学项目,到处都有柳工人的身影。曾光安先生认为,社会责任是一家企业最基本的职责。曾光安先生鼓励同学们将自己的智慧与所学与国家命运结合起来,为社会主义现代化事业贡献自己的一份力量。

2003 年 ~ 2015 年的十二年间,柳工通过四条路径快速实现了国际化,第一条是海外营销,柳工在位于北美的一个营销中心,拥有配件服务、代理商管理、品牌营销等业务。这就是柳工讲的国际化初步阶段。第二条是绿地投资,第三条是收购兼并,第四条是战略联盟。以上四条国际化发展路径都需要各类专业知识支撑,而柳工仅用了十二年便实现了国际化。目前,柳工拥有八千员工,十个海外子公司,十个区域配件中心,十个海外制造基地,五个研发中心,三百多个代理商。

关于柳工的成功,曾光安先生总结了三个方面的原因。第一,柳工具有立意高远的战略目标和战略思维。柳工奉行产业报国,所做的一切不仅是为了柳工的使命和愿景,更是为了党的事业,为了中华民族伟大复兴梦想的实现,为了人民对美好生活的追求。因此,柳工在国际化发展过程中,无论多么艰难都要干,无论遇到什么困难都不动摇。第二,柳工能够做到入乡随俗,用心沟通文化,走到哪里就把尊重带到哪里,因此全球各地都有柳州柳工的友好城市和兄弟工会。第三,柳工十分重视人才培养。2003 年时,柳工员工中只有五个人会讲英语,现在柳工各领域、各部门中能讲英语的中国人成百上千,而且大部分都有机械制造相关专业背景。

提及柳工面对的挑战，曾光安先生认为有以下几点：第一，全球制造业经济不确定性增加。美元对人民币、欧元、日元、俄罗斯卢布、印度卢比、巴西雷亚尔的汇率每天都在变化，这给柳工国际贸易、国际投资带来了巨大风险。第二，国际市场对于中国企业的政治歧视。第三，全球制造业产能过剩。第四，全球化趋势减退。尽管以柳工为代表的中国制造业在走出去的过程中遇到了很多挑战，但是有中国政府积极搭建平台，帮助中国制造业走向全球。

曾光安先生认为企业家是社会创造财富，社会创新进步的最核心动力。企业家精神的核心有三点：爱国敬业、遵纪守法、艰苦奋斗，曾光安先生认为这三点是柳工成功的基本法则。而除此之外，柳工还拥有积极创新、专注品质、追求卓越、履行责任、敢于担当等品质，这些都是柳工从众多制造企业中脱颖而出、取得成功的关键所在。

在报告的最后，曾光安先生回答了同学们提出的几个问题。

1、北外以语言能力见长，请问您认为要想实现柳工等大型国际化企业发展需求，北外学子还需要在哪些方面不断自我提升？

回答：我认为就是要努力，北外优势是语言，但是语言和业务学习要结合，这方面柳工有成功的案例，也有失败的。有一些人外语非常好，但是专业性不行，所以我认为北外的学生不管在哪里工作，首先要把语言优势发挥好。同时，要有专攻的业务方向。

2、柳工智囊在制定发展战略时如何考虑发展战略与现实之间的差距，然后会采取什么样的方法考察确定发展战略？

回答：2003 年，那个时候我比现在疯狂很多，演讲时满头大汗，手舞足蹈。我认为无论是人生的理想，还是企业的战略，都要现实。但有名人说过，人类因梦想而伟大。柳工想要走国际化发展之路，但现实是当时包括我本人在内，柳工只有五个人能讲英语，怎么办呢？很简单，靠学习。柳工当时规定，处级干部必须要达到三个标准，一是英语基础好，二是 SAP 企业管理软件使用能力强（该软件是从采购制造到营销，从财务会计到人力资源全打通的软件，支撑着柳工整体的全球运营），三是个人潜力大。不学习或者学无所成的人在柳工发展基本无望。现在柳工已经是中国国际化企业典范，实现了当时那个看似遥远的梦想。这就证明，如果你认为要做的事情难，就永远很难；如果认为事情可以通过换种思路、换种办法解决，就可以解决。

编辑手记：曾光安先生围绕柳工的国际化之路，与大家一起探讨大国崛起和中国制造。曾光安先生不仅是一名成功的企业家、慈善家，而且心系教育，为北外的发展谋划出力。曾光安先生的讲座开阔了同学们的视野，拓宽了大家思维的宽度。大国重器，柳工精神也定能激励北外学子不忘初心，方得始终。

林建华:习近平新时代中国特色社会主义思想及其对科学社会主义的原创性贡献

作者:林建华　编辑:李雪雯　吴越

林建华,现任北京外国语大学马克思主义学院院长,北京高校思想政治理论课特级教授,北京高校中国特色社会主义世界影响力研究协同创新中心主任,北京市习近平新时代中国特色社会主义思想研究中心特约研究员,北京高校“习近平新时代中国特色社会主义思想”市级思想政治理论课授课教师,中央马克思主义理论研究与建设工程专家,教育部全国统编高中思想政治教材专家。曾获全国优秀教师、北京市人民教师提名奖、全国高校思想政治理论课教师影响力人物、北京市宣传文化系统“‘四个一’人才”等称号。主要研究方向为中外社会主义比较研究、中外马克思主义比较研究等。

党的十九大报告体系博大、内容精深,而且充满了新论和新意。关于学习十九大报告的总体体会,林建华教授认为,十九大报告举国瞩目、举世瞩目。2017 年 10 月 18 日,从人民大会堂一直到我们的最基层,从党和国家领导人到普通老百姓,都在凝神收听、收看习近平总书记报告。有人把这一次十九大的召开叫作“站在世界地图前召开的大会”,还有人把十九大召开的那一周叫作“十九大时光”,等等。在十九届中央政治局常委同中外记者见面会上,习近平总书记谈到:我们不需要更多的溢美之词,我们一贯欢迎客观的介绍和有益的建议。本来讲到这里应该结束了,但是,习近平话锋一转,接着又引用了一句诗词:“不要人夸颜色好,只留清气满乾坤。”林建华教授认为，这句诗如果改成“乐听人夸颜色好，只留清气满乾坤”也许会更生动、更贴切。为什么要乐听人夸呢？为什么要更留清气呢？因为现在是媒体时代、媒体社会，不夸是不行的。古人既懂得“酒香不怕巷子深”，也懂得“酒香也怕巷子深”。今天，我们要讲好中国故事，要传播好中国声音，人不夸怎么行呢？林建华教授认为，习近平总书记讲不要人夸，这体现了一种自信和一种精神，也就是说，无论你夸还是不夸，中国就在这里。但是，中国人民还是乐听人夸的，同时更留清气、溢满乾坤。

夸什么呢？林建华教授认为至少有“三夸”，或者叫“夸三好”。第一好，十九大有一个好报告，即习近平所作的《决胜全面建成小康社会，夺取新时代中国特色社会主义伟大胜利》的大会报告；第二好，它通过了一个好章程，即大会修改通过的《中国共产党章程》；第三好，它选出了一个好团队，即十九届中央委员会和中央纪律检查委员会，这个团队被称为新时代中国的“梦之队”。

有人曾做过统计，十九大报告期间，全场自发的、有规模的掌声是71次。为什么？因为习近平总书记所作的十九大报告，是新时代中国特色社会主义的政治宣言和行动纲领。

什么叫政治宣言？宣言就是宣示，就是要昭告世人执政的中国共产党人要干什么。十九大报告宣示的是什么呢？林建华教授认为宣示了五件事。第一，举什么旗。举什么旗为什么那么重要？因为旗帜举起来了，大家才知道往哪里走。现在不要说一个政党、一个国家，就是跟团旅游，导游也举着小旗，方便引导大家。第二，走什么路。这个问题至关重要。否则，就会出现南辕北辙的情况。十九大报告重申，既不走封闭僵化的老路，也不走改旗易帜的邪路。走什么路呢？走改革开放的新途，走高举旗帜的正道。第三，我们应该葆有什么样的精神状态。第四，我们应该担负起什么样的历史使命，也就是我们是干什么的。第五，我们要实现什么样的奋斗目标，就是我们眼睛盯着的前方那个点是什么。外界就是根据这个报告，根据这样一个宣示，来判定我们这个党的水平。

第二，它又是行动纲领。十九大党章把习近平新时代中国特色社会主义思想确立为我们党的行动指南。行动指南就是指导思想。这应该是十九大最富有世界影响力和历史影响力的一个成果，它表明了两件事：第一件事，是中国正在前所未有地走近世界舞台的中央；第二件事，是中国共产党正在前所未有地走近世界舞台的中央。2017年10月24日，党的十九大闭幕当天，林建华教授在《中国社会科学报》头版头条发表了署名文章《习近平新时代中国特色社会主义思想是马克思主义中国化最新成果》，第一时间阐释了习近平新时代中国特色社会主义思想的重大意义。

林建华教授带领同学们梳理了十九大报告的要点。十九大报告的题目是："决胜全面建成小康社会，夺取新时代中国特色社会主义伟大胜利"；它的主题是："不忘初心，牢记使命"，高举中国特色社会主义伟大旗帜，决胜全面建成小康社会，夺取新时代中国特色社会主义伟大胜利，为实现中华民族伟大复兴的中国梦不懈奋斗。这样一个主题向世人昭示：我们举什么旗，走什么路，以什么样的精神状态，担负起什么样的使命，实现什么样的奋斗目标。一个题目、一个主题实际上回答了这样五个问题。

关于报告的结构。报告共十五个部分，导语和前四个部分实际上是报告的总论，第五部分到第十四部分讲的是总体布局、战略布局、发展理念在各个层面的展开，第十五个部分是结束语、是号召。十九大报告这十五个部分内容异常丰富而又高度凝练。

十九大报告中有几个关键词，分别是中国共产党领导、人民、新时代中国特色社会主义、中华民族伟大复兴、发展。有人对十九大报告中出现的词汇进行了统计，这几个词汇出现频率不一定最高，但是这几个词汇最关键。

关于如何学习十九大报告、贯彻落实十九大精神，习近平总书记提出了六个字的要求，叫学懂、弄通、做实。这个要求是什么？林建华教授把它概括为着眼点。

习近平总书记给出了学习、贯彻落实的方法。这个方法，林建华教授把它概括为着手点。这个方法就是理论和实践相结合、历史和现实相结合、当前和未来相结合。这个结合贯穿着一个极其重要的方法——比较，通过比较就可以得出对十九大报告的真解或者说正确的理解。如果没有比较，则是看不懂的。十九大报告三万多字，每个字我们都认识，但是每个字背后的内涵和逻辑，我们未必都能理解得很透彻。十九大报告的每一句话都是一个论断，每一个论断背后都有大量的数据、大量的事实来支撑。林建华教授认为，用比较的观点、用比较的方法来学习，应该是学懂、弄通的最有效的办法。

第三点，习近平总书记还给出了学习十九大报告，贯彻落实十九大精神的路径，也就是着力点。在中央贯彻落实十九大精神的报告通知中，提出了五个聚焦。

第一,聚焦到习近平新时代中国特色社会主义思想是党必须长期坚持的指导思想上;第二,聚焦到五年来党和国家事业取得的历史性成就和发生的历史性变革上;第三,聚焦到中国特色社会主义进入新时代,我国社会主要矛盾已经转化为人民日益增长的美好生活需要和不平衡不充分的发展之间的矛盾上;第四,聚焦到贯彻落实党的十九大的重大决策部署上;第五,聚焦到习近平总书记是全党拥护、人民爱戴、当之无愧的党的领袖上。

林建华教授着重从三个方面论述了习近平新时代中国特色社会主义思想及其对科学社会主义的原创性贡献。第一,习近平新时代中国特色社会主义思想的时代背景和历史方位。第二,习近平新时代中国特色社会主义思想的科学含义和主要内容。第三,习近平新时代中国特色社会主义思想的历史地位、重要意义及其对科学社会主义的原始性贡献。

思维始于问题,思维也始于概念。今天的中国特色社会主义,和若干年前的概念是不一样的。从建设有中国特色社会主义,到有中国特色社会主义,到中国特色社会主义,到中国特色社会主义进入新时代。这个过程,从 1982 年党的十二大到2017 年党的十九大,历经35 年,这是很不容易的。它不是简单的文字游戏和概念游戏。起初用中国特色社会主义这个概念,我们不太自信,那时中国特色社会主义是落后条件下我们对于为什么采取某些政策所添加的某种标签。今天用中国特色社会主义这个概念,我们充满了对中国特色社会主义道路、理论、制度、文化的自信,中国特色社会主义已经成为一个品牌,这是一种进步。这就要求我们进一步思考:中国特色社会主义是怎么形成和发展起来的?

从提出建设有中国特色社会主义,一直到今天,中国特色社会主义进入新时代,中国这一路是怎么走过来的?邓小平曾经讲过,中国特色社会主义是在对原来苏联模式的突围和突破中发展起来的。林建华教授以此作为问题思考的基础和起点,认为,在中国特色社会主义形成和发展的过程中,实际上解决了三重矛盾:第一,中国的社会主义与世界的资本主义之间的矛盾;第二,中国的社会主义与世界的社会主义之间的矛盾;第三,中国社会主义的现实与未来共产主义之间的矛盾。2009 年,林建华教授曾发表过一篇题为《中国特色社会主义:三重矛盾的突围与突破》的文章,论述了中国特色社会主义的由来。

党的十八大报告提出,中国特色社会主义具有四大特色——时代特色、理论特色、实践特色、民族特色。党的十八大之后,在学习十八大报告的过程中,林建华教授进行了独立思考,提出还应该加上一个特色,即人民特色。十九大报告不再专门讲中国特色社会主义的特色问题,因为中国特色社会主义进入到了新时代,中国特色已经明确了。令人高兴的是,十九大报告虽然没有使用"人民特色"这一提法,但是它通篇体现了人民立场、贯彻了以人民为中心的发展思想。

经过这样长期的努力,习近平总书记做出了一个重要政治判断,就是中国特色社会主义进入到了新时代。从1978年党的十一届三中全会到2017年党的十九大是39年,从1982年党的十二大到2017年党的十九大是35年。三十多年过去,弹指一挥间,中国特色社会主义进入新时代。这样一个新时代是基于什么根由做出的判断?就是我国社会主要矛盾的转化。2019年,林建华教授发表了题为《新时代中国特色社会主义:三重矛盾的深化认知与创新超越》的文章。这篇文章可以看作是十年前那篇文章的续篇。

中国如何走全面深化改革、全面深度开放的新途,走高举伟大旗帜、实现民族复兴的正道?习近平总书记多次强调,中国是一个大国,绝不能在根本性问题上出现颠覆性错误,一旦出现就无法挽回、无法弥补。所谓根本性问题,就是道路问题。正是在对这个问题求解的过程中,习近平新时代中国特色社会主义思想应运而生。

第一个问题,习近平新时代中国特色社会主义思想的时代背景和历史方位是什么?是我们党执政近七十年、改革开放近四十年,特别是党的十八大以来,我们党对社会主义建设和改革的伟大实践所进行的深刻的理论思考,是光辉的智慧结晶。如果没有一路走来的时代背景,没有新时代的历史方位,就没有习近平新时代中国特色社会主义思想。

那么,习近平新时代中国特色社会主义思想是一个什么思想呢?它有哪些主要内容呢?在十九大报告中,习近平总书记分两部分进行了概括。第一部分是"八个明确",它构成了习近平新时代中国特色社会主义的思想的基本内涵,系统地回答了新时代坚持和发展什么样的中国特色社会主义的问题。第二部分是"十四个坚持",它构成了习近平新时代中国特色社会主义思想的基本方略,系统地回答了新时代怎样坚持和发展中国特色社会主义的问题。基本内涵和基本方略构成了习近平新时代中国特色社会主义思想的理论体系,包括了总目标、总任务、总体布局、战略布局、发展方向、发展方式、发展动力、战略步骤、外部条件、政治保证,贯通了哲学、政治经济学、科学社会主义,涵盖了改革发展稳定、内政外交国防、治党治国治军各个方面，系统科学地回答了新时代坚持和发展什么样的中国特色社会主义、怎么样坚持和发展中国特色社会主义这一根本问题。这两个方面不是割裂的，而是相互补充、相辅相成、相得益彰的。

林建华教授阐释了习近平新时代中国特色社会主义思想的历史地位、重要意义及其对科学社会主义的新贡献。在党的十九大报告中，在党章中，习近平新时代中国特色社会主义思想的理论逻辑和实践逻辑是非常透彻晓畅的，可以概括为五个方面：第一，习近平新时代中国特色社会主义思想是对马克思列宁主义、毛泽东思想、邓小平理论、“三个代表”重要思想、科学发展观的继承和发展。第二，习近平新时代中国特色社会主义思想是马克思主义中国化最新成果。第三，习近平新时代中国特色社会主义思想是党和人民实践经验和集体智慧的结晶。第四，习近平新时代中国特色社会主义思想是中国特色社会主义理论体系的重要组成部分。第五，习近平新时代中国特色社会主义思想是全党全国人民为实现中华民族伟大复兴而奋斗的行动指南，必须长期坚持并不断发展。

这五个方面的概括非常明确，将习近平新时代中国特色社会主义思想的科学内涵、历史地位和重要意义都讲清楚了。

从实践方面来看，习近平新时代中国特色社会主义思想彰显了变与不变的唯物辩证法。习近平新时代中国特色社会主义思想作为行动指南和指导思想，是为了解决社会主要问题和社会主要矛盾，也就是人民日益增长的美好生活需要和不平衡不充分的发展之间的矛盾。虽然社会主要矛盾变了，但是我国仍处于并将长期处于社会主义初级阶段的基本国情没有变，中国是世界最大发展中国家的国际地位没有变，这就是变与不变的唯物辩证法。习近平新时代中国特色社会主义思想还彰显了远与近的唯物辩证法。我们原来所讲的两个一百年奋斗目标，现在变成了一个百年奋斗目标加第二个百年的两个阶段，将原来所讲的基本实现现代化的目标拉近到了2035年，将原来所讲的在2050年全面建成富强、民主、文明、和谐的社会主义现代化国家的目标更新为全面建成富强、民主、文明、和谐、美丽的社会主义现代化强国。这一变化，既是提速，也是提质。

在理论方面，习近平新时代中国特色社会主义思想不是静止不变的，而是不断发展的。在十九大报告中，习近平总书记是这样论述的：实践没有止境，理论创新也没有止境。世界每时每刻都在发生变化，中国也每时每刻都在发生变化，我们必须在理论上跟上时代，不断认识规律、不断推进理论创新、实践创新、制度创新、文化创新以及其他各方面的创新。

马克思主义是中国共产党人的真经,马克思主义又是随着时代和实践的发展而不断发展的开放的理论体系,正如习近平总书记所指出的,要继续推进马克思主义中国化、时代化、大众化,要继续发展二十一世纪马克思主义、当代中国的马克思主义。只要我们善于聆听时代声音,勇于坚持真理、修正错误,二十一世纪中国的马克思主义一定能够展现出更强大、更有说服力的真理力量。从理论的维度来讲,理论创新始终是我们党成功的密码。

习近平总书记曾提出,世界社会主义经历了五百年、六个阶段。第一阶段是空想社会主义产生和发展阶段,第二阶段是马克思恩格斯创立科学社会主义理论体系阶段,第三阶段是列宁领导十月革命胜利并实践社会主义阶段,第四阶段是苏联模式逐步形成阶段,第五阶段是新中国成立后中国共产党对社会主义探索和实践阶段,第六阶段是中国共产党作出进行改革开放的历史性决策、开创和发展中国特色社会主义阶段。有人认为习近平总书记的这种划分方式不全面,忽略了其他类型的社会主义的发展脉络和轨迹。提出这种疑虑的同志恰恰忘了一个背景,习近平是中国共产党的总书记,他是站在中国共产党的立场上来进行这样的划分的,讲清了我们的事业的来龙去脉。如果从这样一个社会主义五百年、六阶段来划分的话,可以预期,中国特色社会主义进入新时代,是世界社会主义五百年第七阶段的开启。

习近平总书记还讲过,改革开放有前后两个历史时期,不能互相否定。林建华教授进一步提出,还可以再加上新民主主义革命的三十年,三个历史时期互相不能否定。此外,中国特色社会主义进入新时代,开启了中国共产主义运动第四阶段、第四个三十年,即全面深化改革、全面深度开放的时期,这个时期将持续到21世纪中叶。

在接下来的三十年里,正好是今天在校大学生成长成才、创业创新的三十年。习近平总书记在十九大报告里面有这样一段关于青年的论述:青年兴则国家兴,青年强则国家强,青年一代有理想、有本领、有担当,国家就有前途、民族就有希望。中国梦是历史的、现实的,也是未来的;是我们这一代的,更是青年一代的。中华民族伟大复兴的中国梦终将在一代代青年的竭力奋斗中变为现实。全党要关心和爱护青年,为他们实现人生出彩搭建舞台。广大青年要坚定理想信念,志存高远,脚踏实地,勇做时代的弄潮儿,在实现中国梦的实践中放飞青春梦想,在为人民利益的不懈奋斗中书写人生华章！

习近平这一段话不是突然写就的。在担任总书记之后，习近平一直在和青年人对话，他曾经借用过李大钊的话鞭策青年：青年要为世界进文明，为人类造幸福，以青春之我，创建青春之家庭、青春之国家、青春之民族、青春之人类、青春之地球、青春之宇宙，资以乐其无涯之生。

青年人怎样奋斗才能无愧于这个时代？怎样为推动理论发展作出贡献？怎样推动中国问题不断破解？林建华教授认为，当代青年要树立问题意识，要树立实践导向。俗话说，巧妇难为无米之炊。在观察问题、分析问题、研究问题、解决问题的过程中，需要带着工具踏上前行的路途。林建华教授提出，青年应该掌握三种工具，就是望远镜、显微镜和广角镜，而且是高倍望远镜、高倍显微镜、高倍广角镜。带着高倍望远镜前行，青年们能够高瞻远瞩，具有远见卓识。带着高倍显微镜前行，青年们能够见微知著，做到一叶知秋。带着高倍广角镜前行，青年们能够开阔视野，做到博采众长。

习近平总书记要求当代青年要学懂、弄通、做实党的十九大精神。北京外国语大学的学生应该如何落实这个要求？首先要了解北京外国语大学的育人理念。北京外国语大学的育人理念是什么？林建华教授是这样概括的：传承红色基因，涵育家国情怀，拓宽世界视野，提升综合素质，讲好中国故事，培养时代新人。北外校歌里唱到：我们有马列主义武器，毛泽东思想指导。人民需要我们到哪里我们就到哪里。这个“武器”管思想、管灵魂。马克思认为，外国语是人生斗争的一种武器。这样看来，北外学生应该具备两种“武器”：一种是思想上的，一种是工具上的。这样还不够，因为北外的办学目标是培养复语型、复合型人才。而要成为这样的人才，北外的学生们还要具备包括专业知识在内的更多的“武器”。

学懂、弄通、做实十九大精神怒视一蹴而就的，要扎扎实实一步步来，大致可以分三个阶段推进。第一个阶段，对十九大报告、十九大精神热评热议。第二个阶段，深度研读，学懂弄通。第三个阶段，贯彻落实。不这样做是不行的，也是不符合逻辑的。当代青年赶上了一个好的时代，踩在这样一个好时代的鼓点上，就一定要随着时代的节律脉动。毛泽东曾在一首词中写道，一万年太久，只争朝夕！当代青年要从现在做起，从坐而论到起而行，将最好的青春时代用来奋斗和筑梦，像习近平总书记嘱托的那样，不负时代，不负韶华。

编辑手记:林建华教授从时代的背景、历史方位、科学含义、主要内容、历史地位等方面为大家解读了习近平新时代中国特色社会主义思想及其对科学社会主义的原创性新贡献。十九大报告体系博大、内容精深,林建华教授的讲解角度新颖,细致入微,同时,他希望北外学子负重奋进,为全面建成社会主义现代化强国、实现中华民族伟大复兴竭尽心智与辛劳,以强国一代、复兴一代载入史册。

02

| 人生故事篇 |

董燕生:永远的堂吉诃德

作者:王云芃　编辑:王梦含

董燕生,中共党员,教授,博士生导师。出版教材《西班牙语》6 册、《现代西班牙语》4 册;专著 2 部:《西班牙文学》《西班牙语句法》;发表论文 8 篇,主要译著《堂吉诃德》《总统先生》《塞万提斯全集》第一卷等。1992 年获国家教委颁发的优秀教材二等奖,2000 年获西班牙国王亲令颁发的伊萨贝尔女王勋章。于 1992 年享受政府特殊津贴。

开门的是一位矍铄老人。眉淡,发白且少,但眼神清亮,一笑间竟比孩童精神。

门口整整齐齐摆了两排拖鞋,见记者是女孩,老人放下手中黑色的那双,挑出两对粉色的鞋弯腰搁在门前。屋子里纤尘不染,木质地板反着光,家具摆放甚是考究。整个家朴素敞亮,就像董老一样,让人一眼就觉得平易舒服。

在董教授读书那个年代,北外和当时的俄语学院还是两个不同的院校,周围有不见边际的农田,东西两院就像汪洋大海中的两片小岛。如今五六十年过去,也曾是豪情少年的董燕生已经成为中国西班牙语届最重要的标志之一。《堂吉诃德》在他的译笔下经久耐读,《总统先生》(*El señor Presidente*)、*Sorgo rojo*(《红高粱》)、《努曼西亚的包围》(*El cerco de Numancia*)等译著更是筑起一座固若金汤的桥梁，令中西文化尽情驰骋其上。

治学有方　追求完美

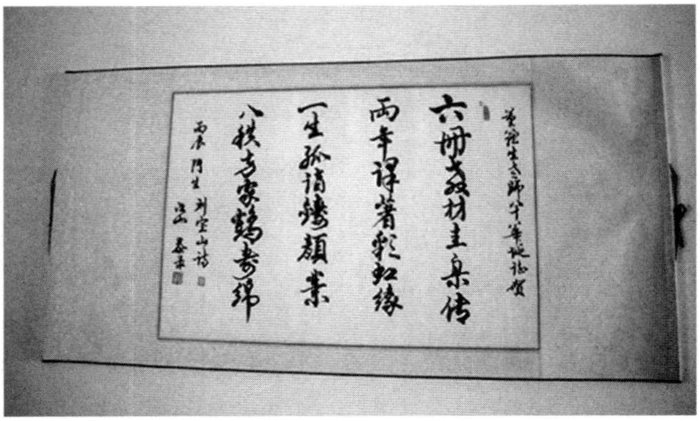

王国维在《人间词话》中谈到，做学问应有三种境界——知，行，得。董教授对待西班牙语的态度，正是这三种境界最好的诠释。

他博览群书，像吉诃德先生一样对完美有着近乎执着的追求。北外西葡语系主任刘建教授讲过这么一个故事：“董老师喜欢看书，每读如痴，看到艰深处必要抓发思考，然后把揪下来的头发夹在书里。后来北外图书馆有不少书中都夹着董老师的头发。”

在2016年9月塞万提斯逝世400周年纪念暨国际学术研讨会上，北京大学西班牙语语言文学教授赵振江老师讲述了董燕生教授翻译《堂吉诃德》的始末缘由：当年有位出版社的编辑到北京大学去找赵振江，问他能不能翻译这本书，赵振江和他夫人的回复惊人一致——他们说这件事非要董燕生来做不可，整个西语界除他之外，无人能成。董教授得知后感动至极：“没想到我的朋友对我竟有这么高的评价，我从来没认为自己有什么了不起的。因为朋友的鼓励，给了我很大勇气，所以我想，不妨一试。”

这一试，就是数个寒暑春秋。《堂吉诃德》全译本一经问世，立获好评。不仅因其语言流畅，更是由于译文全面且精确。董燕生将塞万提斯笔下的故事尽数呈现给读者，不删不减，不增不添。与杨绛先生的译作相比，董教授的译本多出十万余字，填补了前人多处疏漏和空缺。董教授认为：“译文分为很多种。有节译，缩短原著，或者降低难度，用来给特定人群看；也有诠释，加注解，为了研究。但如果是全译本，必须一字不差地把人家意思表达出来，一定要尊重原作者。”

这一句尊重，让董燕生走上了追求完美的道路。《孙子兵法》有云："求其上，得其中；求其中，得其下；求其下，必败。"这和董教授的观点不谋而合。董教授承认："人非完人，总会出错。世界上确实没有完美的东西。过分地追求完美反而会给自己带来苦恼。"但他强调必须给自己提出较高的要求。"如果给自己定得要求标准高了，结果可能达到一个中等水平，标准一旦低了，结果必然更糟糕。"所以董教授为自己提出的要求往往都很高，即便这样，有时仍因觉结果未达己而深感遗憾。"比如有的课没上好，自己回来就很难过，好几天都不舒服。再比如教材编了半天，出来的成品不是我想要的样子，但是我又弄不出我想要的那个样子，那怎么办呢，觉得很苦恼。"

（书房书柜）

（董教授手稿）

尽管如此，却不妨碍《现代西班牙语》(1～6册，前3册与刘建教授合著)成为西语学界的经典。哪怕董教授对自己的著作还有诸多不满意之处，但那些出自他手，哺育了一代又一代西语人的教材，永远不会因为几近透明的瑕疵而被合上。

性情爽朗　生活规律

在董教授看来，虽然做学问需要独处和安静，但人不能总与世隔绝，更多时候还需要和他人交往。董教授的朋友遍布世界，"中国的外国的，年老的年少的，大家时不时聚在一起，谈谈最近的生活，甚至互相取笑一下"。

董教授性格外向,为人没有半点架子。早年学生跟他年龄相差不大,都喜欢把心事讲给他听。董教授把学生看成自己的朋友,教之用心,待之坦诚。随着毕业生一届届离开,董教授的容颜也开始一点点夹杂岁月的痕迹。八十年代时,已经有人称呼他为“董爷爷”了,但他与学生间竟依旧没什么代沟,还照样同许多年轻人聚在一起谈天说地,感悟人生。

他说:“只要有空到北京,他们就都来看我。”

当董教授被问及觉得自己身上有什么品质和精神时,他略带腼腆地笑了。“嘿嘿,我没想过这个问题。”学生崇敬他,仰慕他,他知道后说:“因为我编那个教材,大家可能就知道我了。但我倒不觉得自己有什么特殊之处,唯一值得称道的可能就是本人的秉性——从来不会在别人面前表现出自己高人一等,因为我从来没这么想过。跟任何人接触,都是以平等态度。不论什么地位,多大年岁。”

他的妹妹以“憨憨”二字评价他,他父母也觉得他是个长不大的孩子。“一般人成年以后总希望能控制自己情绪,我做不到。高兴时哈哈大笑,痛苦了就嚎啕大哭,动不动还会很激动。成年人大抵都会尽量克制喜怒哀乐过于外露,可是我怎么也学不会。”

董教授每天清晨起床,吃过早饭后就去游泳,一去一回两个多小时,午休后开始编写教材,晚上看看新闻,日日如此,年复一年,生活规律紧凑,全无半点年迈的倦怠。

用他自己的话说——紧凑,虽谈不上充实,但总有事可干,不会闲下来。

他就像一个还奔跑在生命伊始阶段的少年,哪怕身向夕阳,脚下也踩着永远都跑不完的路。

(图为董教授手捧学生送给自己的奖杯)　(奖杯内容:感动北外——我最喜欢的导师)

心系家国　关怀世界

曾有人问董燕生教授，如何在境外保持“国格”。他斩钉截铁地回答：“你的人格就是你的国格。”在董教授看来，国家要通过自己文化的品质和魅力来吸引别人。一个人也要有骨气，精神丰盈，品德高尚。“精神荒漠可能是经济腾飞过程中的一个必经路障，但终究水涨船高，物质和精神二者定能辅相成。”

“也许现在的社会氛围有些急功近利，愿意做研究的人减少了。大家都急着收益，但这样下去决不是长久之计。国家还是需要很多会思索的人，来思索人类的命运、国家的前途。要有相当一部分人，不去计较物质得失，当然要保证起码的温饱。如果没有这样的人，国家就会成为一个瞎子。”

董教授治学严谨，一丝不苟，但也毫不掩饰自己身上的“棱角”。他对西班牙印象很深，不止因为在那里求学，更因为西班牙人的性情和他颇像——喜怒形于色，有一说一，不圆滑。

“不再有棱有角，从某种程度上来讲是对社会的适应——但一个社会如果把大部分人都打磨得没有棱角了，那我觉得这个社会肯定有问题。”

谈起最想嘱咐青年学生的话，董教授的目光变得遥远起来，他略微沉思，继而给出了一个坚定的回答。

“我希望你们趁着年轻，博览群书，漫游世界，增长自己的才干和学识，做一个对社会有用处的人，投身到为大多数人谋福利的事业当中。”

“要充满对整个世界乃至整个宇宙的关怀。”

编辑手记：回顾往昔，董教授与堂吉诃德确有几分相似。他虽不像吉诃德先生那般荒诞，但其心中对理想的执着，对美好的追求，丝毫不亚于书中主人公。董教授就像是一个手持长枪的骑士，为了心中的梦想，永远准备出发。

何英琴：每个学生都是一块璞玉

作者：南轶博　编辑：王云芃　王梦含

何英琴，女，黑龙江省齐齐哈尔市人。1968年下乡黑龙江省福安农场，1971年进入北京外国语大学阿拉伯语专业，1975年毕业留校任教，2013年退休。其间曾公派留学埃及两年，多次出国工作、访问。退休前任北外阿拉伯语系党总支书记。

“年华碧玉忧风霜，岁暮红装喜旭阳。”

师者，仁心。

精神矍铄，脚步轻快。

时光荏苒，暮去朝来。

转眼间60多年已过，但在何老师身上，竟难察觉半点被岁月蚕食的痕迹。

她运营自己的微信公众号，喜欢写诗，热爱中国文化，讲起历史故事来滔滔不绝，宛如一位研究中国历史的风云学者。光阴磨去了她少时容颜上的锐气，但从她的谈吐和神情里，依然能够真切地感受到老一辈北外人身上的气度与情怀——专注、敬业、关爱学生、心系家国。

第一批阿语人的酸甜苦辣

“我的经历和中国近现代历史紧密相连。”何老师眉眼舒展，用这句话解释了她和阿拉伯语的不解之缘。

那是北外恢复招生的第一年，随着国际环境的变化，国家开始注重外语人才的培养。何老师就是在这样的背景下，踏进北外，成为中国阿拉伯语界的一份子。

1968 年,和其他上山下乡的知识青年一样,16 岁的何老师与她的同学们去到了东北农场。

阿拉伯语入门本就很难,还要被下田劳作占去大量时间。五点半准时起床,早晨劳动,上午学习,日复一日。“白天就是劳动和学习,到了晚上,大家出来乘凉,一位研究中文的教授就给学生们讲讲三国故事。”也正是那段时间,让何老师对中国传统文化产生了浓厚的兴趣。仲夏星空下遨游于一幕幕荡气回肠的历史故事之中,为那时略显单调而辛劳的生活带来了一丝乐趣。

纵使每日的生活艰苦而辛劳,可丝毫没有削减何老师的学习热情,没有丰富的语言材料,她就自己多听多记,多下笔头功夫。读书、学习、报效国家,在老一辈眼中是理所应当的事。学习阿语为国家贡献自己的一份力量,成为了激励何老师和她的同学们在艰苦的日子里依旧踏实求学的精神动力。至于那段日子中的酸甜苦辣,初学阿语的重重困难,异乡求学的思乡心切,恐怕只有经历过的人才能体味其中滋味。

从“何妈妈”到“何奶奶”

走上工作岗位,何老师从事多年低年级教学工作,后来成为阿语系书记。因为她开朗的性格,春风化雨的教学方式,受到同学们的爱戴与欢迎,因此当时阿语系的学生都亲切地称她为“何妈妈”。

“老师一定要有爱心,在以高标准要求学生的同时,也要考虑到每个学生的心理,每个学生都是一块璞玉,你要把他雕刻成精品。”

何老师在阿拉伯语基础教学的第一线工作多年,桃李满天下:现任外交部的高级翻译、沙特国王来访活动的主翻、中国多个驻阿拉伯国家的大使、央视阿语频道主播……桃李满门的背后,是她和风细雨、润物无声的奉献。关注每个学生的不同成长道路与性格特点,因材施教。

“那个孩子极有才华……”

“那姑娘当时是我们艺术团的团长,在人民大会堂演出……”

“我记得还有个小姑娘语音语调特别纯正,现在是中联部的高翻……”

提到这些优秀学子,何奶奶的脸上写满了骄傲。她眉宇间流露出的欣慰,让我们深切地感受到老一辈北外教师对教育工作付出的热情与投入。

到现在,退休了的何老师终于从“何妈妈”变成了现在学生口中的“何奶奶”,但她却依然时刻地关注着学生的成长、学院的发展。

许多学生愿意把工作中遇到的困难和何奶奶分享,向何奶奶请教。

“我不愿意给现在的学院领导太多压力,但只要学院需要我,我时刻愿意为学院贡献自己的力量。”

退休之后的何奶奶会在中东问题、国际问题方面为学校开一些讲座,自己也继续投身于伊斯兰文化研究。业余时间喜欢写写诗,读读书。从何奶奶的身上,我看到的不仅是精通阿拉伯语与伊斯兰文化的教授,更是一种文人情怀,时刻心系国家的大家风范。我想这也许是岁月涤荡、困苦打磨过后在老一辈北外人身上留下的共同的烙印。

“北外学生要做前瞻性,复合型人才”

“学外语,更要学好母语”,“北外的学生一定要争做复合型、研究型、多学科人才,不能只做纯翻译”,这是何奶奶给所有北外学生的忠告。“北外的学生除了具备专业知识之外,更要有进行前瞻性、综合性研究的能力,这才是国家需要的、未来需要的人才。”

随着时代发展和科技进步,计算机已经可以代替部分人工翻译的工作,要想在未来取得更大的发展,就要我们培养自己的综合能力。对于北外,更要以培养高端领域研究性人才、复合型人才为目标,推动学生的全面发展。

谈到这个话题,何奶奶很有自己的见解,也希望能通过我们,把这些建议告诉更多的北外学生。不只依仗语言技能一技之长,更要不断为自己添砖加瓦,开阔视野,长于研究——国家需要的,未来需要的,才是北外人应当去努力的方向。

洋洋洒洒,谈笑风生。花甲之年的何奶奶懂得如何培养学生,对处理阿拉伯乱局和当代国际热点问题研究都有着自己专业而敏锐的见解。她精通中国传统文化,能将历史上的人物与事件信手拈来,妥善引用,不禁让人由衷的赞叹。她对教育事业的奉献,对无数学生的关怀,乃至她纯粹的言语眉间都能让人感受到一颗师者仁心。

四月校园里春色已深,穿着鲜红色运动服的何奶奶微笑与我们道别,回望何奶奶瘦小但却干练的背影,在阳光下,格外耀眼。

编辑手记：何英琴就是这样一位富有人格魅力的教师，短短一小时的交谈，你却可以深切地感受到她对于中华文化的喜爱与精通。谈起古代历史人物洋洋洒洒，对于历史人物的见解精炼而深刻，让你不得不佩服何老师的知识储备之深。她对自己的学生更是如数家珍，每每谈起，眉宇间都会流露出欣慰的神色。正如文章开头所说，“师者，仁心”，何英琴用自己春风化雨的教育方式，给了形形色色不同性格的同学一样的关怀，让每个同学感受到了阿语系大家庭的温暖。

侯毅凌:做一个文化洪流下的保守主义者

作者:马瑞书　编辑:王云芃　王梦含

侯毅凌,英美文学博士,北京外国语大学英语学院教授,英美文学研究中心主任,《英语学习》杂志主编。曾作为团队成员获第7届北京市高等教育教学成果一等奖(2013),2016年获首届北京外国语大学本科教学一等奖,2017年被评为“北京市优秀教师”,2018年被评为“北京市师德先锋”。

2017年3月,天气渐渐温和起来。英院旁一树玉兰已谢,而另一树刚开。窗未关,侯老师手边放了一杯热茶。

他讲话很轻,我做记录打字时就不得不更轻一点。

长久以来,文学都作为一份热爱时时伴随着侯老师。少年时代,他读过的第一本英文期刊名叫《英语学习》,而如今,侯老师早已成为这本杂志的主编。

“现在还记得我拿到的第一期《英语学习》,里面有有很多北外教授在写文章——像王佐良、许国璋,周珏良……王佐良先生还把他翻译的《张良传》发在里面。我看不懂,但还是看,那种心态就像是我需要跟我热爱的东西最大程度地去亲近。我要接近它,才会有不断的动力去追随。”讲起曾经的缘分,他依然感怀。

后来作为访问学者进入英国剑桥 Clare Hall 进修,当时30岁的侯老师第一次实地接触了研究多年的西方文化。除了听课,他把大部分时间放在图书馆和校园里，尽可能去感受和体验一个学校的学术氛围与文化，与当地的学者进行交流。

在那次访学之后的20年间，他陆续去过英国七八次，多是为了参加交流活动或是会议。活动空隙，他常常会在英国做些旅行，而这些旅行大半与他的文学兴趣有关。深沉旷远的湖区，野性淳朴的呼啸山庄原型，以及古朴考究的诗人故居——他一步步地印证着那些在心里生长多年的文学想象。

“有一次参加文化研讨会，一位英国学者带我们参观英国浪漫主义诗人济慈的故居。这位学者本身是诗人，他拿出一本诗集来，在济慈故居的草坪上读起了《夜莺颂》。我不仅读过这首诗，课上还在教。但当时的那个场景下，在济慈的屋子里，一个外国人在那里读《夜莺颂》，它带给你的感受是很不一样的。所以文学既有理性又有感性，感性虽然不依靠理性表达出来，但也是十分重要的。”侯老师渐渐兴奋起来。

35岁时，侯老师作为富布莱特访问学者去了美国杜克大学英语系交流访学一年。在杜克大学的一年里，他观察到有的老师特别具有人格魅力，有的老师讲起课来滔滔不绝，有的老师就习惯于依靠讲稿，每个人的风格各异。“在中国，”他说，“实际上是比较注重教学模式的，近些年国内大学对教学实践的探讨研究很多。起码在北外来说，老师们对于不同的课型都有很多探讨和交流。”

在被问及教学和科研的平衡时，侯老师说：“我个人对教学的投入很多。文学研究需要底蕴和积累，天天出成果，日新月异，是不现实也不可取的。当然，教学也需要底蕴，也需要不断地读书和思考，更新自己。研究慢慢做，成果产出多一点少一点，可以因人而异。”

我们又将话题转到了学生。侯老师说我们对于中西方学生的差异有些刻板印象：“我并不认为西方学生天生活跃主动，中国学生就被动沉闷。如果说我从前有过这种刻板印象，那么我个人现在也在不断纠正这种观念。有时候课堂上看似沉闷，却并不见得学生没在思考，因为思考是需要过程的，这个时候的沉默是有意义的。我愿意给大家这个时间。”

在信息爆炸的时代，侯老师见证了从在电车上读书到在地铁上看手机的变化。在阅读碎片化的今天，人们花在严肃文学上的时间越来越少。他说他是一个文化保守主义者，在“读什么？”的问题上，一个最质朴的答案就是那些经过时间沉淀下来的经典。

“文化是一个共同体。我们都要有共同的语言，共同的基础。在文学圈里，这些基础就是经典作品。一个不知道的人就没有办法融入这个文化圈，没有办法进行对话。”

他认为把大学比作象牙塔没什么不好，甚至是别有意义的：“一个人进入了大学这座象牙塔，你所读的东西应该是和象牙塔之外的人不一样的。如果一个大学生每天都在碎片化阅读，那你和象牙塔之外的人还有什么区别呢？”

时代的转变不仅是人们阅读习惯的转变，还是一个商业影响不断扩大的过程。侯老师1993年进入《英语学习》杂志编辑部工作，2000年做了主编。当时中国没有几家外语杂志，《英语学习》独领风骚，最辉煌的时候月销量过百万。但新媒体时代很快到来，各种外语类杂志如雨后春笋纷纷涌现，市场受到严重挤压。《英语学习》决定转型。在这个破茧成蝶的过程中侯老师及他的团队也经历了许多困惑和犹豫。

“在我手里这本杂志慢慢在转型——由一个注重语法的辅导类杂志，变成一个以文化为依托的读物。在主编这个位置上我不仅有荣誉感，也有责任。每一篇稿子我都会仔细审读，连封面的颜色、版式设计等都会与美编讨论。比如对于封面的风格，为了新颖和格调，我们尝试过手绘和动漫风，也借鉴过《纽约客》的风格，总之，我们一直在不停地探索。如果一个杂志是主编亲力亲为的，那么它一定反映了主编的某种趣味。我所能保证的就是这个杂志不变味，能够体现我们的文化追求。这是第一位的。”

窗外一直有鸟叫，侯老师娓娓讲述一路走来的热爱、失去和追寻。

“他是最美的黑夜，拥有寂静与群星。”

编辑手记：作为英语学习杂志的主编，希望之星英语大赛的评委，侯毅凌教授一直是英语学院的一位明星教授。然而褪去光环，侯教授也曾有过学生时代的坚持和理想、也曾有过一瞬间的感动和震撼、也曾有过遇到阻碍时的迷茫和挣扎。然而多年以来，不变的是他心中对于文学的深爱和追求、对于教育事业的热情与希冀。在互联网时代的洪流之中，他始终坚守着自己的原则，以独特的方式建设着这个时代。

李长栓:去改变吧,改变命运

编辑:王静怡　马瑞书　王梦含

长栓,北京外国语大学高级翻译学院教授、副院长,联合国兼职译审。曾为联合国开发计划署、最高人民法院等国内外机构提供数百次会议口译服务,在纽约、日内瓦、曼谷等联合国机构及奥运会等众多重大活动中担任笔译审校工作,口笔译实践及教学经验丰富。

本文根据李长栓先生本人于2016年5月10日在教授故事会中所做的主题故事会内容整理、改编而成。

坚持,严谨,乐观——这几个关键词写在李教授眼神中,浸透在他的每一句话中。

“我已经坚持了二十年。可以这样说,我二十年都没有休息,每天都在工作或者是学习。”

“翻译过程当中、事业过程当中,我从来没有感觉到有什么困难。有什么困难是解决不了的? 人生这么长,什么困难都可以解决掉,总是有办法的。”

李教授缓缓地讲着自己的故事。故事很长,他却能将每一个小小的细节娓娓道来。

故事伊始

这不是一个关于天才的故事。

李教授笑着回忆道,在上小学前,他一个字都不认识,甚至自己的名字都不会写。"小学第一天,老师发下作业本。同学们拿到自己的作业本,兴奋地让老师写名字,我也这样做了。到了家,我高兴地把本子拿给妈妈看,没料到妈妈看了一眼说:'老师把你的名字写错了,你也不知道?'原来,老师把'栓'字,误写成了'说'字。因为这两个字的儿化音在我们的方言里相同。"在这之后,他才学会了自己的名字。

李教授的英语学习起步于初中。刚开始不开窍,但到初三时,英语成绩就已变成了各科最好的,中考时得了 98.5 分。他到现在还记得哪个地方错了,一道选择题,题目是"Do you like…",应该回答"Yes, I do."但当时疏忽,他的回答为"Yes, I like."初中毕业时,李教授以全县第三名的成绩考上了河南省一所历史悠久的师范学校——汲县中等师范学校。中师相当于高中,是为专门培养小学教师而设立的。课程包括高中文理科的全部课程,却没有英语课。

但李教授不愿放弃对于英语的学习,走上了跟着广播电台自学英语的道路。其实早在考上中师之前,他就已开始听初中英语广播讲座学习英语了。这得益于张教授的一位伯父(常义志)。他年轻时学习外语,曾为国民政府服务。1957 年曾被打为右派,获得平反后,在乡高中教授英语。他对李教授学习英语一直十分支持,带着李教授收听广播。李教授回忆道,自己在广播里听懂的第一个词是 window。也是在伯父家里,自己第一次看到大学的英语教材。

"过去,大学对我来说充满了神秘。村子里几十年没有大学生,仅有的大学毕业生是 50 年代毕业的。我曾经认为,大学的教材一定是用狂草写的,难得和天书一样。后来,看到我伯父家里的大学英语书——《许国璋英语》,才知道大学英语也是用印刷体印的,甚至是从 ABC 开始教,这大大增强了我的信心。还记得,许国璋英语的第一课是'Long live Chairman Mao!'第二课是'Long live the Communist Party of China'!"

夏练三伏，冬练三九；田间地头，三年如一

中师三年级时，李教授从广播中得知：北京外国语大学和中央人民广播电台要联合举办广播函授英语。同时，函授招生简章中附有一则优惠条件：学习三年结束后，举行全国统一结业考试，成绩优秀者，将获得免费到北京外国语大学进修一年的机会。李教授当时心里想：什么叫优秀，80 分？90 分？95 分？全国这么多人，考多少分才算优秀？我要是考 100 分总该算优秀了吧！所以，当时学习广播函授，他是奔着考 100 分的目标去学习的。

1986 年中师毕业后，李教授回到家乡原阳县祝楼乡中学任教。一边教学，一边继续听广播函授。

广播函授英语每周三讲，星期日休。早上六点半第一次，晚上十点半重播一次。广播函授没有寒暑假，无论春夏秋冬一天都不曾间断，李教授的三年函授学习也就一天也没有间断过，即使大年初一也没落下。但是，广播函授英语是早上六点半开讲，正是早起拜年的时候，在老家大年初一早上要走街串巷，给长辈磕头拜年。这是几千年传下来的规矩，不能违背。李教授便也只能服从习俗，去给长辈拜年。当拜到一个老乡家里时，正是六点半到七点之间。李教授看到他们的收音机放在桌上，赶紧拿过来，用他们的收音机听了一会儿，也没有听完。李教授回忆，就那一讲他没有完整听到，其余的一课不落。

最难熬的是麦收和秋收时节。每年麦子和稻子成熟的时候，学校都要放假。老师、学生都要帮助家里收获庄稼，插秧、种麦。从早上五点多钟一直干到晚上七八点钟，累得人直不起腰来。吃完晚饭，只要一沾床边，就会睡着。由于早上六点半之前已经下地干活，便不能听广播，只能晚上十点半听重播。有时候晚上实在支撑不住，李教授便会先睡一会，等到十点半再起床听。有时母亲睡醒一觉后，发现他还在学习，总会心疼地说："长栓儿，睡吧，天不早了。"

夏天太热，家里没有空调，连电扇也没有。晚上大家都出来到路边乘凉，拿着扇子，一边扇风，一边驱赶蚊子。而李教授选择躲在自己的小屋里，点着煤油灯，查字典、背单词、预习课文、做练习，一直到深夜。冬日，家中没有暖气，五间屋子只有供做饭的煤火，做完了饭就要堵上。所以，屋里和屋外一样冷冰。他只得穿着棉大衣、厚棉鞋，静坐听着广播学习。

李教授笑谈起自己与北外的缘分："广播函授英语课程是陈琳教授主持举办的，屠蓓，楼光庆、张耘等教授都曾在广播上讲授课程。庄绎传教授，我们高翻的老院长，在广播上教了我一年翻译。

三年窗下无人问，一举夺魁天下知

三年苦读一晃而过，李教授报名了郑州考点的全国统一结业考试初试。但或许是好事多磨，那天雨下得很大，又适逢郑州召开全国糖烟酒订货会，大小旅馆都住满了。李教授一早到达郑州后直到晚上九点才找到宾馆入住。

在找宾馆期间，还有一个小插曲。由于高考刚刚过去，2B 铅笔脱销，李教授跑遍了郑州的大小文具店，最后只能买了一只 1B、一只 3B，想着用 3B 和 1B 分别涂一遍，也许可以充当 2B。可能是由于白天过度劳累，也可能是面临考试过于紧张，李教授一个晚上辗转反侧，难以入眠。

但好在考试一切顺利，大约过了两个月，他接到了北外的通知前去北外面试。对李教授来说，这既惊喜却也在预料之中。复试也很顺利。复试过后不久，他就收到了北外函授部脱产进修的录取通知。

1989 年 3 月报到，开学的第一堂课，老师介绍了广播函授的学习和考试情况。这次广播函授，最初全国有 10 万人参加，坚持到最后的有大约 2 万人，参加最后结业考试的有 1 万 7 千人。在优秀结业生中，选取了大约 100 人参加复试，又从复试学员中，最后录取了 20 人脱产进修。李教授清晰地记得，当时老师讲："我们这次复试的状元是河南的！""我看了看周围，见没有别的同学站起来。于是我站了起来。原来河南考上的就我一个。"李教授爽朗地笑了。

改变命运

数年苦读，终于从田间地头到一举夺魁。1990 年通过自学考试，李教授取得了河南省英语自考大专文凭。1993 年 9 月，他进入北外联合国译员训练部（现高翻学院）学习同声传译，1996 年 3 月毕业，他取得硕士学位，留校任教。

命运的改变从来不是毫无缘由。每一个人的每一次改变背后都藏着一条有血有泪的泥泞小路，我们总是要一路颠簸、路遇坎坷才能到达自己预设的那个终点。也许三年，也许五年，也许十年。努力是一场赌局，却也是唯一的筹码。

李教授这样总结自己的故事："我的人生历程验证了一句话：只有想不到，没有做不到；人有多大胆，地有多大产。同学们，人不能盲目自大，但也不能妄自菲薄。只要我们树立必胜的信念，胜利最终属于我们。"

编辑手记：在李长栓教授眼里，没有什么困难是跨不过去的。问题来了就去解决，挑战来了就去迎接，只要有信念、肯坚持，胜利都会到来。从初学时的一字不识到如今的知周中外，从简陋的乡村课堂到国际级别的高级会议，二十年来，他凭着一股韧劲冬练三九、夏练三伏，改变了命运，攀上了人生的一个又一个高峰。李教授的故事不是撼天动地的奇迹传说，它更如一首老歌，踏实而醇厚，时时振奋人心。

牛华勇:理想是用来实现的

作者:马瑞书　编辑:王静怡　王梦含

牛华勇,中央财经大学经济学硕士,中国人民大学经济学博士,现任北京外国语大学国际商学院院长,北京外国语大学南方研究院执行院长,教授。

牛华勇教授签名的时候,笔尖松快,腕部紧张,下笔利落果敢、一气呵成。字体流畅而紧凑,扎在白纸上,显得精神抖擞。

他本人亦是如此——行动派、梦想家,不向现实低头,亦不被理想囚禁。

另辟蹊径　无悔青春

20 世纪,弗洛斯特曾用一句话震惊世界:“一片树林里分出两条路,而我选择了人迹更少的一条,从此决定了我一生的道路。”

牛教授即是这句话的践行者。

1997 年,他从山东经济学院毕业,进入中央财经大学研修。2001 年,研究生毕业,几经思考,已主攻财经多年的他做出了一个惊人的决定——在北京外国语大学当老师。

那个时代,同校的毕业生们大多把目标锁定在国家部委、金融机构和跨国公司上。一个寝室四人毕业后可能还会去到同一家银行工作,依然住在一起。但牛教授所在的寝室里却是另一番景象——大家选择不一,差别甚大,有人在外企做IT,有人在国家银行,有人做保险,有人做电信。

刚刚毕业时他最看重的就是自由,渴望主宰自己的时间、思想和工作内容,渴望成就一番事业。所以当院长彭龙说出那句“你来,帮我一起在北外创业!”时,牛教授毫不犹豫就答应下来。

彼时的北外,几乎是一张白纸,静等待有人来书写历史。

初入一所文科院校,这里的人文气息给他留下了深刻的印象。“以前财经类院校人们的想法多是实用主义,以把事做成为导向。后来到北外,我发现在这里人的导向竟经常是理想,这是一个 culture shock。”

如果硬要给自己分一个类呢?牛教授给出了这样的答案:“做一件事首先要有理想,但不能变成一个完全的理想主义者。理想是用来实现的,不去推动它就没有意义。”

他是这么说的,也是这么做的。2001 年,来到北外的第一个学期,学院并不确信财经专业毕业的他会选择接受这个职位,因此没有排课。由于没有教学任务,报到之后牛老师做起了行政工作。第二个学期起,他渐渐进入了课堂,开始成为了大家的牛老师。一次机缘巧合,他向校领导提出一些针对培训中心的改革建议,得到领导欣赏被直接指派为培训主任,他挑起大任,在领导的指导和帮助下,把培训中心做成了业内翘楚。

回首这十几年,从课堂教学到科研任务,从社会服务到学生工作,牛教授的工作半径几乎涵盖了商学院的各个岗位。回忆这段宝贵的经历,他在《纪念我在北外的第五个年头》一文里写道:“我所体验的是其他人很难完全体验到的,完整的、没有保留的见证过程。”

时代更迭　紧跟潮流

从人人网时代起,牛教授就建立了自己的自媒体。

“那个时候社交软件很少,学生们几乎全在人人网上。一个通知发出去,即刻能收到很多回应。最初是为了拉近和学生的距离,融入这一代的生活。”

后来微博出现,受众面一下子变宽,网络自媒体变得更加一呼百应。牛教授开始在微博平台上发布一些公共事务和经济评论，希望通过实名的信息输出塑造起商学院的形象，招收到更好的生源。他还常常会在“分答”上面回答一些关于硕士学位招生的问题，给潜在生源传递正面信息。

“首先你需要引起关注，让更多的人知道，然后大家才会选择你。另外还需要保持热度，有时候我也会让学生帮排内容，他们更加了解现在的网络风向。我们希望以此作为一个方式，把商学院展示给人们。”

如今牛教授的微博已经拥有超过两万关注者，与粉丝的互动也热度很高。除此之外，在各种经济类网站上发表评论已是他的工作习惯，“华勇观察”成为了新浪专栏的热门板块。

而在线下，他对于教学工作也是感触颇深。相比于十年前，他认为现在的学生接受信息更加广泛，选择也更多了，但也因此变得更加无所适从。现在的学习越来越个性化、自主化，很多人不知道自己想做什么，往往虚度了光阴。面对这种困境，牛教授认为大家在缺乏目标的时候应该先紧跟学校安排的课程，慢慢去寻找适合自己的方向。“学过的东西都会有用的，不会成为你的障碍。”

对于有主见和坚定目标的同学，牛教授也十分支持。他曾经的学生立志从事剧作，牛教授不仅在专业学习上不曾对他苛求，还给予了许多鼓励。“现在他是很活跃的影评人，网上常常能看到他的文章。”说起这段佚事，他眼里闪过一丝欣慰和自豪。

再接再厉　展望未来

一路走来，北京外国语大学商学院从无到有，每一次挫折和成长都被牛院长铭记在心。如今商学院已经初具规模，但他的期望还远不止于此。在未来的三年中，牛院长希望商学院成为国内为数不多的 AACSB 院校，进一步扩大规模，提高在学术界和业界的双重影响力。院里的教师承担起丰富智库的责任，校友们也要尽可能多地发出自己的声音。

“现在提起北外商学院，人们会说我认识一个人是从那里毕业的。而我们想要做到的是，在将来提起北外商学院，人们会竖起大拇指，说那里毕业的学生都是业界的精英人物。”

对于牛教授来说，在北外的创业已经不是传统意义上的经济价值创造，更是一种社会价值的开拓。期待在牛教授的带领下，北外国际商学院能够攀登上新的高峰。

编辑手记：不向现实低头，亦不被理想囚禁，牛华勇教授用自己的故事演绎着行动派与梦想家这两重属性。他大笔一挥，在北外里开下一片新的江山，十几年里，牛教授的工作半径几乎涵盖了商学院的各个岗位，从课堂教学到科研任务，从社会服务到学生工作。北外商学院从无到有，从有到优，这位守望者步履不曾停，心里的海起起伏伏，他依然在期待更辽阔的声音从这里发出。

汪波:做自己人生的导师

编辑:丁也凡　韩金虹　王梦含

汪波,韩国高丽大学语言学博士,中国韩国(朝鲜语)教育研究学会常务理事,现任北京外国语大学亚洲学院副院长,副教授,研究方向为韩国语言学。

本文根据汪波本人于2017年4月5日在教授故事会所做的“分享人生经历找到自我定位”主题故事会内容整理、改编而成。

在正式开始了解汪波老师之前,我在网络上找到了一段他的课堂教学视频,几个学生围坐在他身旁,他低着头,拿着书,耐心讲解,轻声细语,气氛温馨而又融洽。

北外韩国留学班的同学对他也满怀感激,“来到北外之后,认识了汪老师,他的讲课方法很独特,幽默风趣,能充分调动我的学习热情和积极性”。

“我很感谢北外有这么好的老师,让我轻而易举地通过了韩语专业本科学生两年才通过的考试。”

这位同学还在题目中称他为:《我们尊敬的良师益友——“韩语王子”汪波老师》。

在教授故事会的现场,不少同学也慕名而来,为一睹“朝鲜语专业第一男神”的风采。坐在现场,我有些好奇、更有些疑惑:到底是怎样的一位老师,能够吸引到如此之多喜爱他的学生?

在我听完他的讲述、在你看完这篇文章之后,我想,这个问题,不难回答。

人生在世,乐观豁达

汪波是一位对人生十分乐观积极的智者。这一点,也体现在他话语的风趣幽默之中。

他坦承自己不喜总结大道理,分享给大家的,是自己一直比较秉持的一些观点,并进一步将其提炼成三句话。

而这第一句,就是要时刻保持乐观的态度。

“其实大家都是一样的,就看大家对人生的观点了,有的人永远都觉得自己是个很不顺的人,有的人永远觉得自己很顺,但是综合起来放在一起其实差不多的,看你怎么来看。”

汪波的人生其实颇有些坎坷:他的爷爷是地主,姥爷是国民党的军官,在他出生之前都成为了被打压过的对象;他的爸爸学生时代成绩非常好,是远近闻名的大才子,却在“文革”的浪潮中被迅速打倒,收押监狱,遭受到非人的折磨;到了汪波这一代,大环境得到了改善,然而父亲的去世给他造成了很大的冲击,使他初中的成绩一落千丈。

尽管如此,汪波并没有完全自暴自弃,他希望能够学到更多的东西,受到更好的教育,在转学之后奋发图强,飞速进步,让自己的成绩始终保持在班里的顶尖位置,并最终考进了解放军外国语学院,研习韩语。

汪波的乐观不仅仅体现在他面对家庭变故和学业波动上。在他之后的人生经历中,无论是就业遇到瓶颈,还是深造受阻,他都凭借自己强大的内心和坚毅的人格支撑了下来,并不断努力、不断进取,实现了自己人生中一个又一个现时的目标,最终抵达了心目中的理想国。

在沿途追逐的这一路上,除了乐观积极的态度,对于机遇的适时把握和平台、资源的充分利用也使汪波感触颇多,这两点也是在讲演一开始他便提出来的三句话之二。

时刻准备，把握机遇

汪波人生中的第一个重大机遇出现的时间与大多数人相同——高考之后的志愿报考。

不巧的是，当年汪波原本准备报考的大学在那一年并不在河南省招生，这让他有些措手不及。但很快，他又挑选出一所适合自己的院校——解放军外国语学院。

然而，这所学校实际上十分难考，加之高考略微的失误，当时的班主任强烈反对他的这一选择，但汪波深思熟虑之后仍旧把它填在了提前批的位置上。

幸运的是，他以比提档线多出两分的成绩被录取，并从此开启了自己的韩语学习道路。

在当时的背景下，考上大学的汪波堪称“天之骄子”，“包分配、什么都不用愁了、国家就管你一辈子”。尽管有着这样的想法，但他并没有放任自己完全沉浸于玩乐之中，出于自尊心和对自己的高标准，他始终让自己的成绩保持在较为领先的位置。

这样，大学四年下来，他被分配到部队，工作起来也算是得心应手、时有闲暇。

但汪波并没有就此安于现状：抱负难以实现、爱情遭遇异地……种种因素促使他最终做出了一个惊人的举动——他离开青岛的部队，只身北上，成为了那个时代的“北漂”。

在北京的生活并不是一帆风顺的，汪波遭遇了无数次“碰壁”，擅长读写但听说能力并不出众的他久久难以找到一份满意的工作。思前想后，他为自己创造了人生中的另一个机遇——赴韩国研修。此时的他意识到韩语对他的意义之大，他决定从头学起，一步一步脚踏实地，攻克之前存在的难题和困惑，弥补自己语言方面的弱项和不足。

在此之后，汪波的职业生涯总算是走上了正轨。但在体验过各式各样的工作之后，他反而更加坚定了进一步自我提升和自我完善的决心——他决定考研。

这一次尝试为汪波的人生带来了巨大的转折。他来到了北外，又从北外去到了高丽大学读博，最终又回到校园，在北外这座美丽的象牙塔中找到了自己的人生价值,陪伴着一代又一代学子自春夏、往秋冬。

你的平台,你的资源

一个机遇产生的结果取决于你是否适时抓住了它。而在这之后所带来的一系列平台和资源则是机遇背后隐藏的更深刻价值。

“充分利用好现有平台和资源”——这是汪波给大家的最后一句寄语。

从最开始进入解放军外国语学院,到部队就业,再到北上求职,之后的不断提升、进修研习,最后教书育人,一路走来,汪波的人生中出现了许许多多的岔路口和转折点。每一次选择,都是一次冒险,平台和资源的得到、失去、更新、改变,都会给后续的人生带来不可预估的影响。

汪波离开部队,一人北上,放弃的是已有的稳定的工作岗位和国家给予的平台资源,但也正是这样的放弃激励他不断探索、不断努力、不断进取,提升自己、完善自己,最终成就了我们面前这位才思敏捷、风趣诙谐、洒脱乐观的“韩语王子”“亚非男神”。

诚然,汪波的成功与他对机遇正确的判断和适时的把握息息相关,也与他在不同时期对平台的展望和对已有资源的充分利用密不可分。

汪波说,他的人生座右铭之一是“既然你摆脱不了,那你不如开心地去享受它,不要去找烦恼”,对于现有的人生,他安于并乐于与大家分享。作为大家眼中公认的成功人士,他希望,每个人都能从他谈的这些东西里,得到一些能为己所用的意识,有所感悟、有所收获、有所成长。

我们也希望,在春风化雨的四月里汪波老师所带来的这一段故事,能化为每个人心中掷地有声的向往和追逐。

不负韶华,以梦为马。

编辑手记:乐观豁达、创造机遇、善用资源,这是汪波的三大人生信条。从他朴素的话语中,我们可以依稀为他勾勒出这些形象:一个幽默的智者,一个机敏的才子,一个实干家和梦想家。生活给他挫折、限制与无奈,但同时赋予他坚韧的性情和永不安稳的心。在他的眼中,生活没有边界,脚步可以永不停歇,命运掌握在自己手中,无论何时,都不能失去自我。

文铮:开阔自己的眼界

编辑:韩金虹　苟晓婷　王梦含

文铮,北京外国语大学意大利语副教授,意大利语教研室主任,意大利研究中心主任,中国意大利教学研究会会长,中国译协意大利语翻译研究会秘书长。多年来从事意大利语基础教学工作,并先后在中国音乐学院、解放军艺术学院、中央民族大学等高等院校教授意大利语语音课程。他生动的讲课方式深受师生们的好评。在基础语言教学方面经验颇丰。其主要著作有:《卡而维诺文集》(译者之一,艺林出版社出版)、《利马窦全集》(编译者之一,商务印书馆出版)。此外,他还长期为《牛顿科学》杂志担任编译工作。

本文根据文铮本人于 2016 年 11 月 7 日在教授故事会所做的“漫谈大学生活”主题故事会内容整理而成。

这是一个幽默风趣、随时能与学生打成一片的老师。他爱书法,也爱赶新潮。平时说起话来出口成章,字字珠玑。在漫漫语言教学生涯中,他对语言专业产生了自己的看法与思考,将它们和自己的教学工作有机灵活地结合起来,传授给一代又一代的北外学子,使不少学生受益匪浅。

硬功夫才是硬道理

文铮认为,学语言专业最基本也是最需要看重的一点就是语言功底。“基本功千万不能被轻视。”

开阔眼界的前提,便是过好语言关。而要在这方面胜出,一靠勤奋,二靠细节。

勤奋在于多反复。“如果你说我脑子不好背不下来,那你就把一个单词念四遍,把《老友记》看一百遍,把课文念五十遍,也能背下来。”

注意生活中的语言细节是他尤其强调的一点。对细节的把控是学语言的人胜于他人的一种能力。这种细节,在于在日常生活中发现自己语言中所欠缺的地方并有意记下、积累,在于与对象国交流中发现知识漏洞并有意完善。他谈到,曾经与一个做相貌研究的外国教授聊天,他惊讶地发现西方人并没有单眼皮和双眼皮的概念。对他们来说,这仅仅只是一个医学上的专有名词,平常的老百姓并不懂得这一点。在平常聊天中,聊到京剧、乐器,聊到各地啤酒,聊到蜂产品,各种词汇都会在生活中涌现。这时候就应该注意:自己的词库里是否有这些词,外国人是怎么用的。学语言需要用心,要在生活中随时随地学语言、体会语言、理解语言。

走出象牙塔,开阔眼界

“北外的学生,能够取胜的点在于我们的眼界、我们的气质,我们的接受能力比较强。”文铮重视培养学生的见识和视野,希望能开拓学生的眼界,培养复合型人才,也就是“通才”。

“现在的学生的这种思想成熟情况和开放度,不如我们上学时,或者我们师兄师姐在 80 年代末 90 年代初那时候的思想成熟度高。”当时那个时代,改革开放正如火如荼地进行着,正值世界各种思潮和新奇的观念风起云涌,各个大学里可以说是“百家争鸣”。

“那时候活动中心,中午天天有招聘的、应聘的。”社会早早地就与学校接轨,学生们也早早地就了解到象牙塔外的世界是什么模样,对应对未来有了更多的准备。

而现如今,在一个更加开放、更加多元、更加信息化的时代,文铮认为,对于我们大学生来说,走出大学的象牙塔尤为重要。多去接触,多去了解,在开阔眼界的过程中,更加了解各个社会不同的文化,通识人情世故。如果在一个商务谈判中做翻译,同样的一句话可以有不同种翻译方法,这时候就应该辨别哪种翻译方法听起来最委婉温和,最有利于双方和平谈判。这就需要情商和应变能力。在外交部工作,什么是桌签,怎么摆、按什么顺序摆,应该怎么卡门,这些知识就需要在平时多了解。

尝试过后定方向

在开阔眼界的过程中,随着经历的增加和见识的积累,我们很可能在自己意想不到的地方找到自己的兴趣点,从而形成自己的人生目标。

“我的要求是,本科四年内把你想做的、你能做的,都尝试一遍,不要管与专业相关不相关。”调研、参加社会实践、尝试创业项目、实习,把能接触到的统统接触一遍,到了大四便不会焦虑横生,做的也不会是加法,而是减法。去尝试,去实践,才能有反馈,才能接触到真实的生活。

文铮举了两个学生的例子。有一个学生给一个歌剧导演做翻译,这位同学以前从未接触过歌剧,也不对这方面感兴趣。自从他跟着这位导演,接触到服装、美术、道具和演员等等之后,便对此产生了浓厚的兴趣,最后结合自己的语言专业,兼修艺术管理,创立了一个策展公司。还有一位同学,一直有一个目标——做一个光荣的媒体人。后来根据文老师的建议:去电视台实习后再确定。于是这位同学利用假期的时间尝试了一下新闻工作。结束后,他发现这个工作和想象中的并不太一样,于是有了新的定位。

“学外语的有一种天生之‘气’,就是有这个气质,能够上得台面拿得出手的气质。”在文铮看来,这种气质,体现在有一技之长的自信从容,更体现在开阔的眼界和丰富的经历。他希望学生们在谈吐举止中体现出文化的涵养。他对大学生活,对语言专业的漫谈,字字句句都包含着他对学生热忱的期望和对语言类专业未来深刻的思考。

在他春风般谆谆教诲中，我们去行动，去发现，去遇见最好的未来。

编辑手记：勤奋、开拓和尝试是文铮教授给学生们的建议，亦是对自己多年苦读多年工作的一个最好归纳。他笑着的眼睛里，是文化的交织，亦是情与理的交融。文铮，坚定自己的方向，勇敢又坚韧地走在通往文化交流的殿堂的路上，洒一路汗，也迎一路花开，也殷切地等待着北外学子们的到来。

吴宗玉:不信命运,只信拼搏

作者:李佳潞　编辑:王云芃　王梦含

吴宗玉,教授,1961年毕业于北京大学东方语言文学系印度尼西亚语专业,同年分配到北京外国语学院任教,因形势需要转而筹建我国第一个以马来西亚为对象国的马来西亚语专业。现任中国马来研究中心主任。

有位老者,不信命运,只信拼搏。

虽年事已高,却依旧精神矍铄地出入于北京外国语大学中国马来研究中心。

他就是中国马来语专业的创始人——吴宗玉教授。

1956年,吴教授和其他十几名毕业生一同被外交部选中送到北京大学学习印尼语。当时外交部说是为了培养“未来的外交官”,然而到了北大,标语变成“欢迎红色翻译工作者”。很多学生要求转学,吴教授毅然选择留下完成学业。北大的五年时光对吴教授影响颇深,也使其与马来语结下了不解之缘。

当年风靡一时的小说《青春之歌》中有这样一句打油诗:

“北大!北大!一切不怕!摇旗南下,救我中华!”

从那时起,吴教授心中就多了一份信念——振兴中华。

1961年,吴教授从北京大学毕业,被分配到北京外国语大学工作,教授印尼学生学习中文。此后,他带着在北大植根的民族自豪感和使命感,开始了在北外的

50 多年教学生涯。

没有闯过一条路,人生怎能有意义

创立马来语专业——这一条非同寻常之路,可谓荆棘丛生,波折迭起。

1961 年,外交部决定在北外成立马来语专业。校领导找吴教授谈话,承诺会从马来西亚外聘专家,购买教材。然而,到了 1962 年,第一批学生来到北外,学校曾答应下来的专家和教材却还都没有到位。在这样窘迫的情况下,吴教授毅然决然挑起了重担,成为了当时中国的第一位马来语教师。他下定决心,就算是一个人,也一定要把马来语专业办好!

当时,为了确保自己语音准确,吴教授亲自到北京国际广播电台请教专业人士。

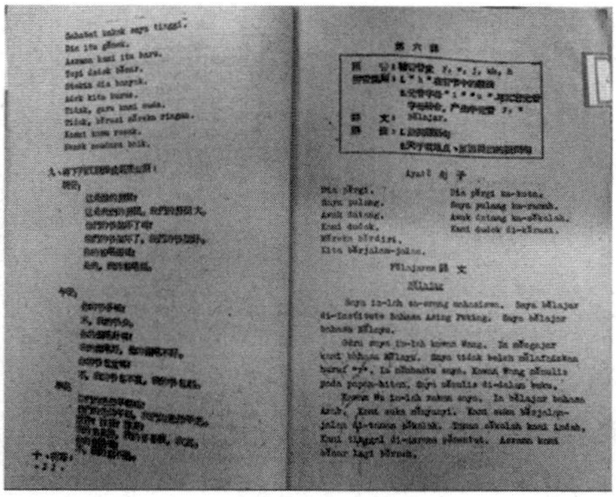

没有教材,吴教授就自己编。语音是学习马来语比较难越过的一关,例如:北京的学生把 ba 读成 pa,四川的学生把 na 读成 la,大部分中国人不会读ra……吴教授把清浊音一一对应起来成对编写,在字母旁边画出发音口型,标出发音方式,结合《许国璋英语》的编写方式,最终编成了中国第一本马来语教材。

当时,中国在马来语教学方面的资源极少。为了让学生听上原汁原味的马来语,吴教授花费了很多时间去寻找电台有无播放马来语的节目。一次,终于找到了一个非洲电台里播放马来语节目,但是只在北京时间凌晨两点播放。于是,在很长的一段时期里,每天凌晨两点,吴教授都准时守在桌前,捧着自己借来的录音机,等待这个非洲电台里播放马来语节目的乐声响起。那段音乐深深地印在了吴教授的脑海中,直到现在,他还能准确地哼出它的曲调。就这样日复一日,他拿着录音机对电台录音,虽然经常有"嘶嘶"的噪音,但这样的资源在那个年代已无比宝贵。学生们在课堂上依靠着这套来之不易的录音,练习语音、语调,练习听力。

半年后,系里举行口语晚会时,马来语班的学生已能用流利的马来语上台致辞,赢得在场嘉宾一致好评。

热爱学生,就要给学生创造锻炼的平台

在语言教学方面,吴教授不提倡死学语言。他说:"语言只是一种工具,必须活学活用。"但当时,因国门未打开,学生不可能去马来西亚学习,本科大学4年,学生都无法与马来西亚人接触。为了改变现状,吴教授勇于改革、创新。他千方百计的为学生寻找语言实践的机会。终于,在1988年,吴教授安排学生在暑期到中国旅行社实习三个月,专门接待来华旅游的马来西亚人,并规定每个学生要带团20个。一个假期下来,学生们一共带了200多个旅游团,语言能力、工作能力都得到很大的提升。在带团过程中,学生常常会遇到一些突发问题,为此,吴教授还自费给他们每人配带了一个BB机,在学生遇到问题时,及时给予指导。

除此之外,1984年起吴教授还在北外组织学生勤工助学,亲自带领学生给老师送奶到户,一天只收1分钱。这项社会实践活动也在社会上引起了很大的反响,为此,中央电视台还到北京外国语大学拍摄了一个纪录片,名叫《路在我们脚下》,很多报纸也做了报道。吴教授和知名的英语教授许国璋教授是邻居,每天看到许教授自己去取牛奶很费劲,他认为,像许教授这样的老年人应该得到帮助,这就是勤工助学社会实践活动的最初灵感。加之当时学生普遍缺乏社会实践的平台,不像现在的学生有很多实习平台。为此,吴教授带领马来语班的学生开始勤工助学活动。他们找了几辆破旧的手推车,经修理后,开始给学校的教职员工送牛奶。后来,此活动还扩大到周边的小区。此活动一直坚持了近20年。如今,最早参加此活动的那一代学生已成为各行各业的人才,有的在国家机关担任要职,有的成为拥有近万员工的总裁……这些学生在毕业多年

后，回忆起当年的勤工助学活动，都称此活动对他们的人生、对他们毕业后的工作有很大的帮助与影响。

除了上面的两个活动外，在国家实行改革开放政策后，为给国家培养复语型、复合型、国际化人才，吴教授想法设法为马来语专业学生增加英语学习的课时。此外，吴教授还动员学生参与各种国际研讨会的接待工作。吴教授在北外先后举办了七场国际研讨会，研讨会期间的接待工作都安排学生来完成，让他们得到了很大的锻炼。而说到最重要的锻炼机会，就是组织学生集体前往马来西亚进行访问。在留学基金委尚未安排马来语专业本科生出国留学前，吴教授就一直积极的联系马方，努力促成让学生有机会出国留学的“7 + 1”交流合作协议。1996 年开始，吴教授就带领学生在假期时到马来西亚、文莱访问，进行学习、调查、生活体验，回国后要求学生写出调查报告。在访问过程中，吴教授还带领学生参加各种拜会马来西亚、文莱国家领导人的活动。这些访问实践活动，不但让学生熟悉了对象国的社会环境，还开阔了学生的国际视野。这些国外的学习经历以及外事实践活动，给学生创造了非常宝贵的锻炼平台和展示学生才能的平台，也是学生非常宝贵的人生经历。2005 年，北外与马来亚大学终于正式实行“7 + 1”的国内外相结合培养模式。吴教授的愿望终得以实现。北外马来语，一个非通用语种，多年来，变得多彩和活跃。一个小语种，发挥了大外交的作用。

“在教学中，最大的乐趣就是培养好我的学生，这也是我最大的愿望。热爱学生，就要给学生创造锻炼的平台。”吴教授如是说。他在北外的一生都在为之奋斗，他将自己的劳动价值定义到学生的成就，为此，他愿意牺牲自己的休息时间，愿意不辞辛劳地国内外四处奔波。

促进中马友谊的桥梁

1987 年,吴教授作为中国杂技团的翻译出访马来西亚。这是他教授马来语 26 载第一次有机会亲身前往马来西亚。在交流会上,中方负责人上台致辞时说:"我们一踏上马来西亚国土,就沉浸在友谊的海洋中",吴教授不知道马来语中是否有这样的比喻,就按照原意翻译成了马来语。没想到,全场响起热烈的掌声。吴教授说,这说明语言是连接国与国情感的重要因素,只要学好、用好语言,即使是非通用语言,也能够为自己的国家赢得尊重、赢得朋友。1989 年,吴教授应邀来到马来西亚参加"国家马来语学术研讨会",在会上,吴教授发表了题目为《在缺少语言环境的条件下研究马来语》的论文。这篇论文得到马来西亚媒体的多番报道,在马来西亚举国上下引起轰动,从而扩大了北外以及北外马来语专业的影响力。这也再次说明,学好语言并用好语言,即使是非通用语言,也能为促进国与国之间的人文交流发挥作用。

吴教授不但与马来西亚教育文化界有着很好的人脉关系,还与马来西亚政界有着很好的友谊。1996 年,吴教授邀请时任教育部部长的纳吉前往中国参加"第一届马来语国际研讨会",纳吉欣然应邀,并携家人乘坐飞机来到中国。在开幕式上,纳吉正式宣布邀请马来语专业师生前往马来西亚访问一个月,全部费用由马方承担。这是北外马来语专业学生第一次访问马来西亚。

同样,在成立马来研究中心一事上,吴教授也是勇于开拓、创新,走在前面。北京外国语大学马来研究中心早于 20 世纪 90 年代即已成立。中心成立 20 多年来,为促进我国马来语专业学科建设发展,为国家培养复语型、复合型、国际化人才,为促进中马两国的人文交流,为促进中马两国的友好往来做了大量富有成效的工作。北外"马来研究中心"已成为北外展示中马友好往来的窗口,北外"马来研究中心"、北外马来语专业在马来西亚已享有一定的知名度。

1997 年,纳吉以马来西亚教育部部长身份访华,促成在北外成立马来语教学中心。2005 年,该中心改名为中国马来研究中心,纳吉是中国马来研究中心的名誉主任。

经吴教授的多年努力,2008 年,第一任马来西亚政府高级访问学者到北京外国语大学马来研究中心工作。至今,已先后有三任马来西亚政府高级访问学者到北京外国语大学马来研究中心工作。

吴教授为促进中马友好做了很多工作。有一位马来学者曾动情地说:“我们和中国的友谊是从吴教授开始的”。马来西亚作家协会主席伊斯梅尔·侯赛因在马来西亚作家协会的刊物上写到:“吴宗玉教授是北京外国语大学马来语的创始人……他经常来往于北京与吉隆坡之间。上个月他首次来访马来西亚作家协会,促成双方建立了历史性的友好关系。在中国还比较闭塞的时候,他成为了我们了解中国的窗口”。

2007 年,吴教授促成马来西亚政府长期派遣留学生到北外学习汉语,接受为期 5 年的本科学历教育的合作项目。此中马教育合作项目,开创了中马双方在教育领域具有里程碑意义的交流合作。如今,不少马来西亚留学生已学成归国。在马来西亚《星洲日报》采访他们时,他们纷纷表示很喜欢汉语,喜欢中国文化。有的还表示,今后会让自己的孩子也学习汉语……这些学生,相信会成为连接中马两国友谊的桥梁。

此外,2009 年,吴教授还积极推动、促成北京外国语大学与马来西亚马来亚大学合作建立孔子汉语学院。

由于中马两国宗教信仰不同,使得在马来西亚成立孔子学院的谈判陷入困局。面对困难,吴教授不辞辛苦,不断地做马方各界人士的工作。最后,在经过长达三年的艰苦谈判后, 2009 年 7 月 8 日,中马双方正式签署协议,北外与马来西亚马来亚大学合作建立孔子汉语学院。这是马来西亚第一所孔子学院。孔子学院成立后,吴教授又为孔子学院校址的建设、为孔子学院的发展亲力亲为。同时,他还不断地与马方各高校、政府各部门联系,为增设汉语培训班,扩大孔子学院的生源等等方面四处奔波。

吴教授作为两国间的民间大使,为促进中马两国之间的教育文化交流起到了

非常重要的作用。2011 年，马来西亚政府为了表彰吴教授 50 年来为马来语做出的卓越贡献，宣布授予吴教授“国际马来语杰出贡献奖”。这是马来西亚首次向国际人士颁发这一奖项。同年，马来西亚大学授予吴教授名誉博士学位。

马来西亚国家语文出版局官方杂志 Dewan Bahasa 也将吴教授作为封面人物，并刊登了标题为《吴宗玉——当代郑和》的文章，用长达十几页的篇幅详尽描述吴教授 50 年来对马来语在中国发展、对中马两国友好关系发展做出的卓越贡献。

吴教授把自己的一生都奉献在教育事业上、奉献在马来语专业的建设上、奉献在中马两国的友好交流上。试问，一个人要对自己的事业有多大的热爱，才能为之奋斗一生？

正如吴教授所言，“热爱生活，热爱事业”。为了中国马来语专业的建设、发展，为给国家培养复语型、复合型、国际化人才，为促进中马友谊，几十年来，他一直不断地勇于开拓、创新。为此，长期以来，他放弃了自己的休息和假期，艰苦奋斗，无怨无悔。

虽然吴教授已经有了不菲的成绩，但是他从未停下脚步。虽年事已高，但在我国提出“一带一路”倡议后，吴教授依旧在如何改革非通用语专业的人才培养方式、如何提升马来语专业的教学科研工作等等方面身体力行，继续努力。为了提高学生们的科研能力，为国家培养复合型、国际化的人才，2016 年年底，吴教授先后两次动员、组织马来语专业 2014、2016 级的学生开展有关马来西亚国别研究，特别是动态研究。动员会后，学生们积极响应并马上行动起来。他们放弃休息时间，多次开会讨论落实、推进此项科研工作，学生们很快就分工分组，成立了马来研究刊物编委会。2017 年 1 月中旬的寒假期间，吴教授又多次与学生商量，最终决定马来研究的推送、出版方案如下：1. 做新媒体，在公众号上推送“马来纵横”。2. 出版纸质版的刊物“马来西亚观察”。迄今，在马来语专业一届届学生的努力下，“马来纵横”运营常态化，持续不断地向读者推送马来西亚每周的热点新闻和“马来西亚观察”的文章。“马来西亚观察”由马来研究中心和北外区域与全球治理高等研究院共同主办,2017 年 11 月出版了试刊号, 2018 年 1 月出版了创刊号。迄今,“马来西亚观察”已出版 23 期。

“马来纵横”和“马来西亚观察”得到读者的高度赞赏。吴教授说,现在的学生,很努力,很聪明,很多文章写得不错。作为老师,应为学生展现他们的能力创造条件,提供平台,为培养复合型的国际化人才做点实事。

此外,吴教授还筹备出版了《马来西亚蓝皮书:马来西亚发展报告(2019)》

2017 年 11 月下旬,经北外校领导与社科文献出版社负责人商议,马来西亚蓝皮书由北外承担,学校决定由马研中心吴教授负责筹备此工作。

对吴教授来说,此项工作很艰巨,因为长期以来,马研中心人手欠缺,加之是第一次承担皮书出版筹备工作,没有经验,困难很多。但吴教授认为,为一带一路倡议的实施和中国企业走出去提供资讯,为推动我校一流学科、一流大学的建设,推动学校教学质量和学科的不断创新与发展,作为从事马来语教学研究的老师,有责任承担起马来西亚蓝皮书的出版工作。于是,吴教授决心发挥几十年来的艰苦奋斗、自力更生的精神,一次次联系各单位的专家学者;一次次向社科文献出版社负责人请教;一次次向有经验的老师请教;在大冷天、雾霾天,一次次参加蓝皮书出版发布会,向有经验的院系单位学习借鉴……就这样,经过一个多月全力以赴的紧张筹备,吴教授完成了皮书编写团队的组成工作、组稿工作以及《皮书准入论证申报表》的填报申请工作。在北外校领导、北外区域与全球治理高等研究院的大力支持下,在国内外专家学者、社会科学文献出版社的大力支持下,吴教授克服了重重困难, 2019 年 11 月,《马来西亚蓝皮书:马来西亚发展报告(2019)》得以正式出版。

马来西亚蓝皮书《马来西亚发展报告(2019)》是国内第一部关于马来西亚的蓝皮书。吴教授希望通过中马双方的专家学者共同参与皮书的撰写工作,共商共建共享,促进中马人文交流的互联互通,进一步加强民心相通,从而增进中马两国的人文交流与文明互鉴。

每当谈到学生的培养方式以及如何促进中马友好时,吴教授的双眼总是闪闪发光。前路依旧漫漫,而他选择继续开拓、创新,闯出一条自己的道路。

编辑手记:吴宗玉教授是中国马来语的先锋。从学生到老师,多少个春秋,多少个日夜,他用自己的智慧与汗水,换来了马来语专业在中国的蓬勃发展。打破疆域,去探索,去实践,从中国到马来西亚,他搭建了中马社会沟通的桥梁,将中国对马来西亚的友好用他们的语言真诚地表露。从马来语专业的出生到成熟，一路上，吴宗玉教授承受了各种压力，克服了一切困难，终于，他看到了彼岸。但是，千帆过尽，他仿佛又找到了新的方向，继续为培养学生、为促进中马友好贡献自己的绵薄之力。

徐滔：完美是梦想，不是必达的目标

编辑：叶鑫宇　丁也凡　殷颖超

徐滔，现任北京外国语大学日语学院（原日语系）院长，副教授。本科毕业于北外日语系，硕士毕业于北京日研中心，博士毕业于东京大学。1993年至今在北外日语系任教。研究方向为日本近世、近代思想史，中日翻译。

简练的短发、温和的笑容、从容的嗓音——这是徐滔带给大家的第一印象。很多日语系的同学都还记得，在新生入学周的开学第一讲上，徐滔对全体新生的寄语："大学四年，要接受现实的自己，也要追求更好的自己。"

乘风破浪的顺境——青年成长路

外国语学校出身，保送进入北外日语系，本科在读期间，又凭借优异的成绩提前拿下日本学研究中心的研究生名额——徐滔的学业生涯可谓是顺风顺水。在拿到硕士学位之后，徐滔加入北外日语系开始了自己教学生涯。从中学到研究生，徐滔凭借扎实的语言功底和出众的语言天赋，一路上走得平稳而顺遂。

相信很多同学读到这里，都对这样顺利的人生感到羡慕。然而，在回顾自己的求学路时，徐滔只是简单提及了求学的顺境期，而把更多的时间用来分享在东京大学读博期间的曲折故事。

突如其来的落差——东大求学路

27 岁那年，徐滔作为中日政府项目生，前往日本东京大学攻读博士学位。

到了日本之后，日语专业出身的徐滔发现，曾经轻松的学业突然变得吃力起来，老师提的很多问题都让她备感陌生又无所适从。她努力想要找回在国内读书时得心应手的感觉，但无论怎么努力，都始终距目标差之千里。

为什么会出现这样的情况呢？徐滔陷入了反复的思索之中。原来，周围的日本同学几乎全是思想研究史专业的硕士生。其中大部分人从大学三年级开始，就进入到各个思想研究的领域，以研究者为目标一路完成本硕学业，学术基础打得非常扎实，因此他们面对自己的研究课题都驾轻就熟。比如，当研究室的老师问到典籍中某一句话的出处时，马上就会有同学答到“语出朱熹”。一些同学甚至还能清楚地说出该书在藏书室倒数第二个书架第几层的具体位置。

然而，徐滔本硕学习的主要精力几乎都集中在语言方向。这也就意味着，在思想史研究这个领域上，她和别人相差了好几年的功力。在这样的客观条件下，想要跟上整个研究的进度，务必就要付出多于别人几倍的努力。

一向优秀的徐滔不肯服输，她延续本硕期间给自己的定位，努力以最好的研究者要求自己。这样的目标并不是不能实现，但是却很难在短期内有所结果。期待与现实的落差不可避免地出现了。不想去学校、不想进研究室，整天待在区立图书馆，却写不出几页笔记——徐滔的研究一度停滞不前。

迎来逆境的转折——导师的启发

眼看距离交论文的时间只剩下一个月，目标十万字的论文却还没有一个成形的框架。徐滔的心渐渐冷却，她和导师说：“老师，我的论文写不出来。我今年没法考。”徐滔的导师万分惊讶：“你怎么会写不出来呢？发生什么事儿了吗？你那么优秀！”

几乎是自暴自弃地,徐滔回答道:“老师,你不要说优秀,我现在讨厌听见‘优秀’这个词。我一点都不优秀,我写不出来,我觉得这个题目特别没有意思。”

导师仿佛看出了徐滔的烦恼,他没有马上责怪徐滔,而是劝她:“你如果觉得自己写不出来,就出去玩玩,给自己放三天假,三天之后不要再和老师表达负面情绪。”

回忆起这段往事,徐滔说:“很感谢这位导师,给我提供了一个情绪的出口。”

在短短的三天假期里,和论文一起被抛在脑后的,还有长久以来积压的负面情绪。徐滔意识到,自己一直要求自己的思想史研究水平和已有的日语水平一样优秀,挫败感也因此而来,挥之不去。徐滔决定沉下心来仔细分析自己的优势和不足:自己的长处是文本阅读、理解和沟通能力,短处是与东大同学相比的专业研究能力。想明白问题所在,徐滔豁然开朗。

“其实老师在交论文的时候也会有焦虑,我终于发现事情也没那么糟。”徐滔说。她意识到其实不止自己,每个人都会遇到不同的问题。在和导师进行沟通的过程中,导师肯定了徐滔的日语理解和表达能力,也知道了徐滔原是以语言学习为主业,因而在专业学习中略微落后于其他同学。得到了老师的理解,放下了十万字论文的压力,徐滔开始踏踏实实地整理资料。在做实事的过程中,焦虑感逐渐消失,论文的章节也慢慢成形了。这一个月过得很累,但最后顺利完成了论文目标,徐滔有惊无险地渡过了人生的挫折。

感谢特别的经历——人生的成长

徐滔说:“在日本的第一年,真正体会到了像海绵吸水一样的感觉,感受到了畅游在知识的海洋里的快乐,感受到了通过踏踏实实的努力一点点提高的快乐。人处在一个新的环境,遇到挫折就容易觉得自己一无是处。这种时候,应该把自己的位置摆低一点,这样才能客观看到自己不同的特点和长处。我觉得对我而言,逆境出现的时候已经比较晚了。但是最后通过自己的努力渐渐进步,顺利度过了最困难的时期,我很感谢这段特别的经历。”

谈及对后辈的寄语,徐滔说:“之所以想和大家分享这段曲折故事,是因为想为大家提供解决困难的思路。当我们遇到困境,第一是要接受现实中的自己,与真实的自己友好相处,这是快乐很重要的来源。第二是不要羞于求助,很多优秀的人会觉得向别人求助是暴露自己的缺点。其实恰恰相反，向别人求助是有能力的表现。这时候能帮助你的人，可以是父母朋友，也可以是老师。向别人倾诉的过程，其实也是自我梳理的过程，所以不要羞于向别人求助。第三是不要只是空想问题，要实实在在做事情。很多时候自己越想越行动不了，这时候一定要手头找点事做。在做具体的事情的过程中，你会发现自己的努力得到了回报，焦虑感也会随之慢慢消失。”

最后，徐滔用寄语大四毕业生的一句话来总结：“接受现实的自己，追求更好的自己。更好的自己，而不是完美的自己。完美是一个梦想，不一定要把它作为必达的目标。在追逐的途中，不知不觉，就会离梦想越来越近。”

编辑手记：徐滔的人生经历颇有些起伏，从一路乘风破浪到突如其来的风波挫折，她并没有得过且过甘于屈服，而是通过抓住机遇、改变心态，成功实现了最后的逆转。于她而言，在日本的这段时期是她特别的人生经历，从高处到低处，她学会了摆正自己的位置，适应环境的变化。徐滔用自己的故事告诉我们：身处逆境时更应该保持心态上的强大，敢于接受真实的自己，敢于向别人求助，更要实实在在做事情。在这个过程中，也许不知不觉，我们不仅跳出了一定的桎梏，而且已经靠近了梦想。

伊莎白:世纪老人的守望

作者:王云芃　编辑:殷颖超

伊莎白·柯鲁克(Isabel Crook),加拿大人,著名国际友人,国际共产主义战士、教育家、新中国英语教学园地的拓荒人。1915 年出生于中国成都一个加拿大传教士家庭,1938 年获加拿大多伦多大学心理学硕士学位;1947 年,以国际观察员的身份来到河北省武安市石洞乡十里店,观察记录中国土改运动;1948 年夏天,柯鲁克夫妇转入由叶剑英、王炳南直接领导的外事学校即后来的北京外国语大学工作。

伊莎白更像中世纪西方故事里年迈的仙女,令人不敢擅自猜测她的年纪——头发雪白,颜容沟壑,但竟依旧有种难以言喻的岁月之美。当她握住你手的时候,你就能立刻感受到她掌心里波光万顷的爱意。

战争年代的凝望

民国初年,四川战声遍野,不同军阀割据混战。那时伊莎白还小,住在中国成都。当时周边都在打仗,平日子弹落在校园里,她就去拣弹壳——很多子弹落在操场,孩子们会比谁捡到的最多。彼时伊莎白还不曾对战争有过多的概念,她的父母都在传教士学校里当老师，极有爱心，对她的照顾也是细致入微。她于大学校园中长成亭亭玉立的姑娘，军阀几乎未干涉过他们的生活，因为哪一派都不愿得罪外国人。

20 世纪 30 年代初，伊莎白去了加拿大上学，后来再到中国时，抗日战争已经爆发。日本人用飞机轰炸成都和重庆，被炸伤的人堆满了北城门。周边的人把那些血淋淋的伤者抬到教会院子里，然后伊莎白就开始不停帮一个又一个人清理伤口。她的脑海几近空白，只有紧张，生怕手头稍一耽误便错过了将伤员转移到医院的最佳时机。

"国内虽然危险，但还是要回来……怎么说呢，中国就是我的家。我有两个家，一个在加拿大，一个就在中国。还有一点，我选择了人类学，就需要关注战争里的这些人。"伊莎白一边回忆，一边颤颤巍巍地用英语讲出了这番话。

抗战中期，因要组织乡村建设项目，伊莎白便选择留在条件艰苦的农村生活。"咱们现在这间房（指记者采访时所在的客厅）大概是 20 平米，当时在农村我住的地方大概只有这间房的三分之一，就是一个 6、7 平米的小单间，两人合住。"据老人回忆，房间的屋顶有几道横梁，老鼠时不时会在上面跑。"有个耗子爬到梁上，想从这个梁跳到那个梁，结果呢可能没跳好，中途就掉下来了，正好掉在我那个蚊帐上，它陷在蚊帐里跳不出来，我那时还真想帮它一把。"

就这样，伊莎白在中国乡村度过了漫长的抗战岁月。战争年代里，伊莎白是一个见证者，见证了即将翻天覆地的中国。

世纪老人的守望

抗战胜利后，伊莎白同她的丈夫大卫·柯鲁克来到十里店——共产党领导的解放区。在那里，家家户户都积极把儿子送去参军。不仅因为想要保护他们在土改中分得的田地，也是因为衷心拥护共产党。伊莎白老人回忆，她亲眼见过许多次国民党抓壮丁，但共产党却一次都没有，大家都是自愿参加，非常主动。

伊莎白听过一次邓小平在十里店的讲话，令她至今记忆犹新。当时农民文化水平普遍较低，为了让所有人都能够理解，邓小平一字一顿，每句话重复四遍，伊莎白聆听全文时竟也没有遇到任何障碍，这让以英语为母语的她甚觉欢喜，并被善解人意的邓小平所感动。

中国风雨飘摇的岁月里，伊莎白日复一日坚守在农村基层，做调研，与当地群众共同生活，最终写成《十里店——一个村庄的革命》《十里店——一个村庄的群众运动》两本书。

后来，叶剑英希望伊莎白夫妇调动工作，“因为我们快胜利了，胜利就要有外交，需要会说英语的人”，于是他们便启程去往石家庄附近的南海山村，准备教授英语。在那个年代，只有一辆马车可以用来驮东西，从十里店到南海村，伊莎白和其夫大卫·柯鲁克就靠双脚长途跋涉走向了新中国外交事业的征程。

教课一年多后，伊莎白被调到北京，自此与北京外国语大学结下不解之缘。

“像陈琳教授是 1949 年来的，还有殷曼荣、洪雪殷……”

中华人民共和国建立初期教学设施破旧，不说录音机，就连最基本的教材也极其匮乏。好在当年的东安市场旧书很多，都是北京解放时被那些匆忙离开的知识分子卖掉的。伊莎白跑遍了旧书书店，挑出合适的作为教材。几个人聚在一起靠双手将文字刻成蜡版，将其付印，作为学生用书。

由于听力资源匮乏，伊莎白坚持一进校门就用英语和学生交流；没有留声机，她便自己充当转播。冬去又来，她陪伴一代又一代学生春诵夏弦，不曾松懈；听说读写，她将最富生机的年华奉献给了中国的外语教学事业。

如今，伊莎白已有 102 岁高龄，回顾往昔，她为自己在中国、在北外做过的所有事而深感欣慰。

提起最想叮嘱青年一代的话，她的眼神变得更加清澈。对着镜头，身为共产党党员的伊莎白缓缓说：“我希望，你们要积极投入社会，关注整个社会的发展。同时积极培育并锤炼自己的道德——无愧历史，无愧家国。”

（图为伊莎白家中的对联）

（图中为伊莎白、图右为伊莎白的儿子柯马凯）

编辑手记:坐在对面的老人已过百岁,有时会因耳背听不清问题。等儿子耐心重复后,她常常陷入沉思,继而认真讲起过去的故事。我不知道再过多少年才会再遇见这样一位愿把中国当作自己亲生土地的异国智者。世纪老人的过去,值得我们传颂一生。

周鑫宇:大学教会了我们什么

编辑:汤诗琪　丁也凡　殷颖超

周鑫宇,北京外国语大学国际关系学院教授,公共外交研究中心高级研究员,中国与国际关系研究中心研究员,中国人民大学外交学学士、硕士,中国人民大学与美国加州大学联合培养博士。其研究方向为公共外交、中国外交、中美关系。著作成果有《中国故事怎么讲》等。发表学术论文和各类时事评论文章百余篇,《世界知识》杂志“世说鑫语”的专栏作者,中国国际广播电台特约评论员,凤凰网知名博主。

2017 年 4 月 26 日,在教授故事会上,周鑫宇教授谈起了他的大学生涯和工作经历,表达了他对大学意义的见解。他讲述的幽默风趣又不失稳重的故事带来不少情感的共鸣与思考。

命运的抉择

进入外交学专业对于周鑫宇而言,是一次并不令他后悔的意外。

“当初为什么选这个专业? 没有原因,是我父亲为我决定的,我自己填的第一志愿是新闻，但是新闻其实也不是我第一志愿，我第一志愿本想填中文。”

周鑫宇选择中文，还不是因为喜欢中文。而是因为中学的时候开始思考人生，产生了一个念头：“人生最高的目标是青史留名。”

怎样才最容易青史留名呢？围绕着这个问题，少年周鑫宇进行了一番“研究”。首先当官并不是坦途。以古代皇帝为例，少说也有几百个，可如今名字还能流传于市井的不超过十个，成材率太低了。有钱就更不行了，古往今来“首富”多不胜数，几乎没有一个因为有钱而流传史册。

经过这番研究，周鑫宇认为：从职业上来看，青史留名率最高的是文学家，一首诗进了小学课本可不就流芳百世了。

他高考时想起了这个研究成果，于是就想报中文。可惜被父亲拦住了，人生的道路，从此也似乎和文学渐行渐远。

“现在我是明白了青史留名有多难。那我还觉得自己能青史留名吗？非常羞愧地跟你们说，我觉得我还有机会。”

周鑫宇说，少年时代的想法背后有一点是深刻的，那就是他开始认识到了个人生命的渺小。“人生价值是在人生有限中去定义的。这是因为生命是有限的，所以人生才会去追求。”超越个体的渺小和生命的有限，才是伟大的人生价值。

我的大学

“我读大一的时候，最大的迷茫跟你们一样，就是不知道自己该干什么。”

大学之前的生活总是被别人安排规划。高中每天的生活程序是规定好的。生活的目标就是考大学，吃喝拉撒都有父母安排，事事都在计划之中，不用思考意义，只需要努力就可以。

而到了大学，周鑫宇说他感觉自由了，也迷茫了。成绩好坏不再是唯一的评价标准，父母不在身边，老师不再耳提面命。同学都是各个县市的状元。他从西部考来，在英语等方面和发达地区来的同学差距较大。这一切让他感到失去了方向，学习上也维持着不上不下的成绩。

周鑫宇的大一就这样在懵懂间度过。多数课程他都觉得老师讲得不好听，常常坐在后排睡觉或者自己看书。宿舍里几个人之间的关系难免有一些磕磕碰碰。一切都尚在磨合期。他参加了学生会,买了个数码相机到处去摄影,还给班上女生都拍了“糖水美女照”。

到了大二以后,周鑫宇说他渐渐平静了下来。诱惑在减少,周鑫宇开始了三点一线的生活——食堂、宿舍、教学楼。仍然不是每节课都听得进去,坐在自习室也不是每篇材料都看得懂。学习仍然不够努力,但这样的生活节奏让他感觉舒服。

大三时,周鑫宇担任学院的学生会主席,但他的学习成绩反而好了。他再也没有旷过一节课。他跟学生会的部长们说,学生会是个社团,首先要满足社团里的人的要求。他开始做一些自己想要做的事。

大四是学校和社会的交叠时期,对所有人来说都是一个兵荒马乱的时代。周鑫宇想早点工作、生活独立。因而从大三暑假开始,他用尽各种办法去找实习,体验不同种类的工作。就在外交部已经到校政审的时候,他才知道自己因为学习成绩优秀而保研了。

“我没想要读研,但却接受了保研,放弃了工作。这跟我实习的感受有关系。我发现工作不是我想象那样的。我本科的时候还是浪费了好多时间。既然有机会,我就再安心到图书馆多读些书吧。”

两年后,当导师鼓励他硕博连读时,同样的想法占据了上风:干什么都是差不多的。

多年以后,周鑫宇在北外本科毕业典礼上演讲也说了同样的话:“我发现我自己干什么好像都可以干得还行,无非是勤奋坚持而已。这是积极的一面。但还有让人沮丧的一面,就是我发现自己无论干什么工作,都不可能在短期内证明自己。无论我去什么行业工作,我都将处在单位的最低端;在很长的时间内,我起到的作用都不过是一个庞大机器上的螺丝钉。”

这篇演讲被学生传到网上,以《再饥饿,也要保持高贵》的题目,被《新华每日电讯》《法制文摘》等媒体广泛转载,并被人民日报官方微博专门推荐。学生则把这篇讲话叫作“不要忘了你们来自山顶”。

留下一粒种子

“其实读硕士、博士，也没觉得自己好好读了书。”周鑫宇说。“但我没想过要做学术。我只是顺着自己的路，走到了今天。人生计划太多，常常没有意义。我们年轻时常常觉得今天是为明天而存在的，现在做的事只是为了未来。其实我们真正拥有的就是现在。”

“中间有一些机会点，可能自己吃过亏之后可能会平静一点，因为发现人生并不是所有都让你掌控的事，我现在就在干我没有想过干的事，但是干得挺好。”

在哪个阶段就认真做哪个阶段的事，大一就做大一应该做的，大四就做大四应该做的，当教师就做一个教师应该做的。大学时代，可能会迷茫于毫无头绪的未来，但与其不停地思考其意义所在，不如踏实地做好当下的每一件事。不是所有事情都能按着规划顺利进行，也不是所有努力都能得到预期的回报。但只要付出过、投入过，命运一定会以别的方式给予馈赠，在想象不到的时候，以想象不到的方式。

个人能力非常重要，正确的能力评估也有着深刻的意义。周鑫宇告诉我们：“一般来说你擅长的东西不会让你讨厌，但是如果你非常明确地知道你喜欢什么的话，就去追求。”没有 1% 的天分，99% 的努力也是无效率的，所以要在自己的天赋中挖掘才能，尽力把它们发挥到极致。

做自己喜欢和擅长的事，至少人生会活得更轻松。

当然，不是每个人都足够幸运，在大学的时候就知道自己喜欢什么和擅长什么。但大学仍然在给我们的心灵和知识做准备。

谈及大学的意义，周鑫宇说：“高等教育不是学本领、拥有一项技能，而是具备批判性思维、创造力性思维的高等级能力，以及在心中留下一粒关于伟大的种子——这个世界不是你自己生活的这么狭隘，这个世界更大。”

自起源于西方那天起，大学就是要培养能够改变社会的人。周鑫宇最后说，大学所有课程都在讲同一个道理：把握机会，选择你想要的人生，认识这个世界，把它变得更好。

“不要嘲笑这些话太理想主义。哪怕很少,但总有人在青史留名。”

编辑手记:周鑫宇是一个自始至终活得清醒而又洒脱的人,从他的话语中我们更多能够得到的,是对现实的感悟和通彻。正如他所说,无论起点在哪儿,我们每个人最初都只不过是“一个庞大机器上的螺丝钉”,只有不断地努力和付出才有可能实现价值的升华。一路走来,周鑫宇收获了满满的人生经验,形成了豁达的人生态度,他从容、淡然、笃实。而对于大学,周鑫宇给出的阐释仿佛有种让人一拍脑门的恍然:想要的人生和理想中的世界,从来都不冲突。把握机会,青史留名并非只是一个理想。

03

榜样故事篇

白峻宇:我有故事,愿讲你听

作者:白峻宇　编辑:丁也凡　殷颖超

白峻宇,男,北京外国语大学阿拉伯语学院本科2012级学生,毕业后就职于商务部。2014－2015年担任阿拉伯语学院学生会主席,曾获得优秀团干部、优秀学生干部、社会工作奖、北外"五四青年"等荣誉;2014学年综合评估年级第一,获"华为奖学金",入选北外战略人才培养计划班;校网球队队员,获2016年北京市网球高校赛男子团体赛丙组冠军。大学期间曾赴埃及、黎巴嫩和美国参加学术交流和实践项目。

"找到平衡再上路"

国考复试前一天是元宵节。夜幕低垂时,白峻宇独自坐在宾馆的书桌前,通过电话与家人互道节日快乐。说完"再见"之后,他的眼泪一下子掉了下来。

窗外鞭炮声阵阵,朋友圈里一家子团聚的温情照片刷了屏,回想起自初中离家求学以来,从没能与家人一起度过元宵……白峻宇心中压抑已久的委屈和难受如潮水般涌来,眼中更是止不住地酸涩——他是真的想家了。

但是转念一想,大学四年乃至以前经历过的种种磨难,如今再忆起时已能够坦然微笑着面对;在为人生奋斗的这条路上,他也从来不是一个人在奔跑。因为心中有梦,所以必须不停付出、不断追逐,不给自己留遗憾。想到这里,白峻宇豁然开朗。他重新整理好心情,全身心地投入到第二天考试的准备工作中。这样"精神分裂"般的自我拉扯和对话,是白峻宇在奋斗过程中给自己的一种放松、在偶尔懈怠时给自己的一种激励。

"从前在面对困境和迷茫的时候,我也很容易被自己感动,陷入委屈和自我怜惜的死胡同。但随着不断地经历和成长，我也学会了调节这样的自怜情绪，让它达到疗伤而不让人懈怠的程度。在自我感动与鞭策中，找到自己的平衡，再出发上路。”

给自己一个不可逾越的底线

作为大众眼中的“学霸”，又在学校各类社团中身兼数职，白峻宇时常会被问到“如何平衡学习和学生活动”这一类的问题。他的答案很简单：给自己一个不可逾越的底线。事实上，比起整天泡在图书馆，他更喜欢打打球、聚聚餐、搞搞活动，这些“爱好”也的确占据了他不少时间。但在他看来，学习更像是一项“义务”——“不要求自己能数一数二，但也不允许自己掉出年级前列。”正因如此，在大学刚开始的很长一段时间里，他不得不靠牺牲睡眠时间来完成所有的日常任务。对于既定的生活模式，他并不感到厌倦：“辛苦是必然，但是我明白如果因为放任自己而触及了设定的底线，那我便只能忍痛割爱。”

在这样的日子里他同时也意识到：追求突破固然好，但“最低值”往往更能反映一个人的水平。苦练基本功，提高最低值，才能在面对任何突发情况时，都能从容应对。当你没有足够的时间复习时，也能通过平日的积累，“临时抱佛脚”，考出一个差强人意的成绩；当你在球场上进攻毫无手感时，也能祭出 plan B，通过积极的跑动和熟悉的击球模式，让自己多一些留场机会；当你游戏中所有技能都在冷却时间的时候，也能靠灵活走位，平 A 走砍，拯救全局。只有这样的人，才称得上踏实可靠，才能够成为人见人爱的“神一样的队友”。

有多累，有多快乐

有句话说，“我听过许多道理，却依然过不好这一生”。白峻宇对这句话十分认同。初中时，妈妈说“想要长高就得多喝牛奶”，他从来只是应付几句，然后捏着鼻子快速躲开桌上的热牛奶，到现在身高便真的再也蹭不上去，拍照基本靠踮脚；大学四年，每天晚上他都告诫自己务必要早睡，这样才能保证第二天精力充沛，然而当手机屏幕上蹦出“电量不足 20%”的提示时，蓦然发现又是凌晨 2 点……类似的故事太多,白峻宇不无感慨:“我们什么道理都懂,但是真到那一刻时,却因为自怜、懒惰、害怕、妥协等等各种因素没有迈出那一步。”

在录毕业视频的时候,大家被问到最后悔的事是什么,回答大多是“没有好好学习”“没有表白”“没喝醉过”“没刷过夜”……白峻宇亦然。但不同的是,他做出了更多的积极行动,也因此体会到更多收获回报时的欣喜:从被阿语录取的最后一名幸运儿,到院系综合评估第一名;从网球零基础,到成为校队主力……从做出决定到咬牙坚持到开花结果——“我知道我有多累,但我更知道我有多快乐。”

白峻宇用他自己的人生经历告诉我们:Step out of comfort zone,说且易,行之难。付出与回报的关系,唯有行动力才能见证。

归属感让我不再孤单

“学阿语,打网球,长高高”——这是白峻宇上大学之后一直在用的微信签名,也是他心中始终坚守着的理想阵地。他笑言,除却最后一个梦想实在是遥不可及,大学四年最幸福的时刻,就是在阿语系、在网球队的那些年岁。

阿拉伯语,世界上最难学的语言之一,通过它一群人凝聚在北外,共同努力、共同奋斗。大学四年间,白峻宇目睹了学长学姐对新生们无私的帮助和关怀,见证了这个女生最少的院系成为“北外杯”女篮冠军的奇迹,感受到每一次新年晚会的用心和温暖……毕业晚会上,每一位同学都投入到节目排演中,一起演天马行空的剧、跳四肢不协调的舞、唱五音不全的歌……那一夜,所有的委屈和辛苦都烟消云散,满心的欢喜中夹杂着深刻的感动与不舍,他多么希望,毕业前的最后几天能过得慢一点、再慢一点。

“网球队元老郝姐姐前几天对我说,‘三年前看到你在球场那样认真地看着我们训练,我就知道这个人我们一定要招进球队。’从那之后,烈日下的训练、高校赛的呐喊、聚会时的疯狂,让我结识了一帮可以依赖和倾诉的朋友,我们也用四年的拼搏换来了北外网球队的又一个黄金时代。”回忆完在阿语的四年,有关网球队的纷繁记忆又争先涌入脑海,白峻宇的眼眶竟一时有些湿润。这四年,是他最美好的年华,成就了他最无悔的青春。

这是一种归属感,有阿语、有网球队,身边就有了家、有了家人,也就有了寄托、有了陪伴,足以让他时时刻刻都不感到孤单。“在集体里,当我只是一颗螺丝钉的时候,就要拼命工作实现自己的价值;当成为别人的大腿时,就要以身作则,勇敢无畏地担起肩上的责任。”白峻宇用以回馈这种归属感的,是最真挚的一份情,是最赤诚的一颗心。

“抵达,往往是行动的开始。”在白峻宇不断奋斗着的人生道路上,他始终愿意并乐于去尝试、去犯错、去改变。尽管未来仍充满无限可能,但他并不畏惧,并时刻准备着直面更加曲折的情节:“没有谁的故事能被复制,路,都是自己走出来的。”

编辑手记:“路,都是自己走出来的。”在人生这条路上,白峻宇走得踏实、自在,又愉快。他会找平衡、会设定底线、懂得付出、有所归属,他从自己的亲身经历中总结出适用于所有人的生活道理,用一颗赤子之心回馈身边人给予他的善意。这是一位懂生活、会生活的新时代榜样,他带着几分潇洒从容为我们娓娓道来自己的过往。他的故事,未完待续,一定更加精彩!

杜雨萌:我走在清晨五点半的路上

作者:杜雨萌　编辑:丁也凡　殷颖超

杜雨萌,女,中共预备党员。北京外国语大学日语系2014级本科生。曾任日语系学生会主席、北京多语言服务中心日语坐席成员。曾获校一等奖奖学金、校龙江银行奖学金、校三好学生、校优秀学生干部等荣誉;中华全国日语演讲比赛亚军;曾为校田径队、校国旗班成员;入选北京外国语大学国际战略人才培养计划;2016年6月,通过外交部外交人才遴选考试。

咬着牙挺过去

2014年夏,杜雨萌加入了北外日语系的大家庭。作为一名从初中起就开始学习日语的高起点学生,她信心满满、意气风发,自认能够在这条熟悉的道路上坦然前行。

然而这一路并不如想象中的平坦顺遂。刚入校时的杜雨萌满怀着对大学生活的热情,却在第一堂专业课上做自我介绍时就发了慌:班里一半的同学在高中时期就有留学日本的经历,面对这样一群来自天南海北的日语精英,她颇有些无所适从。在刚开学的很长一段时间里,对于原本熟悉的语言,杜雨萌的心中反而滋生出了力不从心的无助与迷茫。成倍的压力向她袭来,她开始意识到:只有努力将这种压力转化为动力,才能让人生有更多的可能。于是,每天清晨,天还没亮时,小碧池旁已经响起她琅琅的读书声;每个夜晚,即使再累再困,她也会坚持完成自己的既定任务,一遍又一遍地听当天的日语新闻……一点一滴积累下来的,都是进步途中必不可缺的养分。功夫不负有心人,大一下来,杜雨萌获得了综评排名年级第二的好成绩。这一年的辛勤付出也让杜雨萌有了新的认知和感悟,足以让她从容面对艰难险阻:“在努力的过程中有太多考验耐力、恒心和抗压能力的时候,这也是我成长中最宝贵的财富。”

“人生中那些最艰难的时刻,一定要咬着牙挺过去。挺过去了,你的人生就翻越了命运的分水岭,早晚都能成事;挺不过去,放弃了、妥协了,就只能一直艰难一直灰暗一直没有还手之力。”杜雨萌说,这是专业课教给她最重要的人生哲理。

年轻只有一次

杜雨萌在大一时加入了接近十个学生组织,体验了各种活动的乐趣和辛苦。当被问到如何平衡专业学习与课余活动时,杜雨萌说:“年轻只有一次,即使刚开始难免经历熬夜,也要把握住有限的时间,去经历各种各样的事情,才能找到自己真正的兴趣爱好所在。”而在这其中,尤以国旗班的经历最让她难以忘怀。

在杜雨萌写下的文字中,可以找到这样一段叙述:“军训期间,我们没有其他连队的拉歌、匕首操、看电影等活动,我们有的只是烈日之下日复一日的军姿、训练场上一圈又一圈的齐步正步、拉开的绳子和竖起的杆子下因保持标准姿势而发硬发麻的双臂双腿。我们每日穿的是黑色到膝的皮靴,汗水日日都将衣裤浸透,腿和脚疼得只能用手抬着上楼梯。就这样一直坚持到军训结束时,在闭幕式上我们圆满完成了升旗任务。其他连队的同学都用‘惊艳’一词来形容这场华丽而庄严的仪式。”

早在入学后第一次新生大升旗时,杜雨萌就被国旗班的前辈们帅气的军装所吸引,从那时起她就暗暗下定决心,将来有机会一定要加入国旗班。大一结束后,国旗班面向全校招新,杜雨萌抓住这次机会,顺利通过面试和考核,如愿成为了国旗班的一员。

国旗班的训练任务十分繁重:每周两次以上的早训,凌晨五点半之前就必须起床洗漱并穿戴好一整套军装,在操场集合接受各项内容的训练。当别的同学都在暖暖的宿舍里睡到七点半,懒洋洋地下床再直接去上课的时候,杜雨萌已经结束训练,坐在班里安静地开始自习了。早训前的一天,她偶尔也不得不为了第二天的课堂展示准备到深夜,偶尔也必须为了即将来临的考试备战到凌晨,但不管入睡的时候夜已有多深,杜雨萌都会坚持把闹钟定到五点半,在短短三四个小时的睡眠后毅然起身,以军人的速度吃饭、洗漱、穿戴军装。

“坚毅、纪律、忍耐、魄力——这是国旗班教给我的东西。”当被问到为什么如此珍惜在国旗班的一年时光时，杜雨萌回答道：“是因为国旗班，我才知道了凌晨五点半的北外是什么样子。”

沿途风景很美

大一时，杜雨萌加入了日语系团总支，作为一名干事为系里同学服务，接触并学习了各类团务工作；大二时由于出色的工作能力和积极的工作态度，杜雨萌被选为学生会副主席，以更宽广的视野为日语系的团务和学生工作出谋划策；大三伊始，杜雨萌顺利当选日语系学生会主席一职，带领新一批组织力量继续为整个日语系无私奉献。

谈及在学生会的三年成长历程，杜雨萌说得最多的两个字是“感谢”。

“说心里话，特别想感谢系里的老师和身边的每一位同学。我作为团学联成员，的确起到了推动班级和系里活动的牵引作用，但如果没有每一个人的主观积极性，很多活动是不可能顺利圆满完成的。在班级里、在团学联里，有许多东西值得我去向身边的同学们学习，是所有人的帮助和支持让我变成了今天的自己。”

怀着感恩与奉献之心走下去

忆及往昔，杜雨萌说，正是这样的北外、这样的日语系、这样的班级，才造就了现在的自己。大学四年，转眼之间只剩不到一年的时间，从十八岁初入校园到如今已经能够独当一面，在这段时光里，北外教给她的，是如何做人以及如何成为更好的人。

“穷且益坚，不坠青云之志。”在今后前行的路上依旧会有数不清的挫折和磨难，但杜雨萌将始终保持心中的梦想：“怀着一颗感恩与奉献的心，坚毅、勇敢、扎实地走下去。”

编辑手记：冬天凌晨五点半的北外，是杜雨萌眼中最独特的一道风景。在前行的路上她也曾有过无助、有过迷茫，但坚定的信念和不懈的努力让她跨过了一次又一次的高山低谷。回顾过往时光,杜雨萌没有给自己留下太多遗憾,她在不断的磨炼和成长之中,获得了一笔笔宝贵的人生财富。更为难得的是,杜雨萌始终怀着一颗感恩与奉献的心,“不为私利所缚,不为权欲所惑”——“在为国家富强、民族振兴、人民幸福而奋斗的征程中,脚踏实地地实现人生价值,这才是成功的人生。”

郭雪莹:栉风沐雨　耀我青春

作者:郭雪莹　南轶博　编辑:王云芃　殷颖超

郭雪莹,共青团员。北京外国语大学中国语言文学学院 2014 级本科生。曾任校国旗护卫队队长、中文学院团总支副书记、中文学院辅导员办公室助理。曾获国家励志奖学金,北京外国语大学第十六期"歆才"团校优秀学员、北京外国语大学军训优秀学员等称号。

及时当勉励　岁月不待人

2014 年,郭雪莹来到北京求学。步入大学校园的第一个月,她便开始了至今还未结束的勤工助学生活,并从奉献自我中找到了无穷的快乐与归属感。有爱校园文化创意产品店人力资源部副部长、国旗护卫队队长,这些珍贵经历让她逐渐懂得如何安排分工,如何沟通,如何团结集体。

"我不间断地奉献自我,不甘于生活死水一样的寂寞,我的人生没有惊天动地,却流淌着这些涓涓小溪,面对得到的国家励志奖学金,我至少没有愧对这份奖励。"

每段青春都有一个独特的印记,而鲜红的五星红旗就成为了郭雪莹大学生涯中最闪亮的符号——关乎荣誉,关乎坚守。

国旗护卫队不同于其他的社团,需要更多的坚持,早起训练更是让很多人望而却步。谈到为什么会加入国旗护卫队,郭雪莹毫不犹豫地回答道:"我享受同甘共苦的快乐。"

"我从初中开始就一直在军训前导队伍里,高中文科班没有男生,运动会都是我去打旗，一根 2 米左右的实心不锈钢旗杆，风一吹我都晃的那种。我喜欢正步干脆利落的动作，我更喜欢一群人有相同的目标，然后咬牙坚持奋斗的感受。”

刚开始的日子最难熬，端腿、军姿都要硬挺过来。有时候她也想喊一个报告稍作休息，但每当这时候郭雪莹就告诉自己：再坚持 10 秒，坚持 10 秒，就这样“拖延”下去，一直坚持到教官喊停。

两年国护队的日子给了她无数难忘的回忆，也让整个集体充满凝聚力。从队员到队长，郭雪莹为之倾注了无限的热情。“我记得我们在北航比赛的时候拿了北京市一等奖，宣布完成绩，我们的队长、政委就给老师打电话，就说了一句‘我们拿了一等奖’然后就哭了。我当时看到了我们队长在台上和前辈们一起领奖，就想着我们好不容易得来的成绩一定不能就这么断掉了，所以进了队委会又成了队长。”

她说，一直坚持的动力，大概就是热爱和不甘心。

作为队长，看到队员们一步步的成长，动作标准，彼此熟识，又开始带新一批队员，成长的感觉给了郭雪莹很大的触动。“能给我这个机会完整地看着一批队员的成熟，真的是非常幸运与幸福。”

6 点半的操场，神圣的国旗，笔挺的军装，锃亮的马靴。从肃杀刺骨的冬日到绿荫斑驳的初夏，校园里清晨的景色交替更迭。唯有清亮的正步声恒久不变，伴随着新一天的朝阳，唤醒一个个青春的梦。坚持自己喜欢的事，就是一种快乐。

删繁就简三秋树　领异标新二月花

锐意创新，向来都是郭雪莹的强项。

在团总支工作的一个多学期以来，她学习了很多关于团的基本知识。除了团组织转接、团费收缴、组织团日活动这些基本工作以外，也逐渐形成了一些关于团宣传方面的思考。她认为，团工作问题的关键在于如何改变同学们的刻板印象，让他们自愿并愉悦地参与到团的宣传工作中来。为了解决这个让一代又一代师生深觉棘手的问题,郭雪莹和老师决定通过“一学一做”系列活动入手,结合中文学院学习的特点,通过同学们喜欢的讲座形式,由老师讲述古代先贤的事迹,再由团总支结合团的精神进行宣传,这样做会首先吸引同学们的注意力,不会故意避开。

学习与学生工作似乎是很多同学难以平衡的问题,对于身兼数职而且成绩优异的郭雪莹来说,她也有自己的见解。“我觉得坚持了喜欢的事情就是一种小骄傲吧。小时候被胁迫学了两年竹笛,现在长大了觉得当时要是好好学就好了,真心后悔。如果我没有接队长的话,大概我现在会想当时要是留下就好了。所以坚持了喜欢的事情的小骄傲就是最大的收获吧。”

顾虑太多,反而脚步会变得沉重。

伊有松月心　俗骋风霜力

国旗护卫队的工作带给郭雪莹很多的感慨。还是一个普通队员时,她便感受到了团结奋进收获硕果带来的喜悦与骄傲。冬寒夏热里的坚守,对她来说,是对品质最好的磨砺。“每当我亲手升起国旗,我不仅为革命时期前辈们的浴血拼搏而感动,更为当今国家的繁荣富强而感到骄傲。旗帜有着特殊的作用,因为旗帜代表着方向与希望。因此,即使校园生活中有很多有趣的社团与活动,即使我需要早起、晚训,我依然固执地选择守卫国旗,守卫对国家的爱,对历史的崇敬,和对未来的坚定。”郭雪莹希望将这份小小的固执传递下去,因此成为了 24 名队员的领路人。在纪律严明的队伍里,除了动作口令准确,她还要学会如何激励他们同甘共苦,如何让大家万众一心,如何把队伍建设成北京市的优秀队伍。两届国护队,他们拿到了五个奖项。

郭雪莹说,自己曾听过这样的一句话——“报国不是工作,而是信仰”,这句话对她的影响很深。“也许我无缘成为真正的军人投入战斗,但是能够守卫一面国旗也是无上的自豪。是信仰让我义无反顾、热血沸腾,也是信仰让我坚持下来带领新一批人披荆斩棘地向前行进。”

编辑手记:青年之所以是社会的中流砥柱,是因为其承上启下的作用。青年人应学习老一辈人的优秀传统,更加自觉地了解国家大事、掌握国际动向,加上自己拼搏努力的精神,融会贯通之后启发后辈们选择正确的道路前行。这是青年人的使命,是年岁赋予的赠礼。正值青年的她栉风沐雨,学会脚踏实地,勤勉奉献;学会反思感悟,积极革新;学会坚守信仰,勇排万难。正所谓"终日乾乾,与时偕行",她时刻提醒自己走向进步,于未来一展宏图。

何富强:不纨绔生命,不怠慢梦想

作者:何富强　编辑:李鑫　殷颖超

何富强,男,1991 年 10 月出生于云南大理,2011 年秋天考进北京外国语大学,就读于北外亚非学院柬埔寨语班。2013 年被评为“感动北外十大人物”。曾担任亚非学院团学联主席、校田径队队长、北外自强社社长。为照顾身患重病的母亲,他一肩挑起家庭的重担,一面努力在学习与工作间周旋。

母亲是一切努力的源头和动力

2012 年 9 月 4 日对于何富强来说是个复杂的日子,这一天是何爸爸牺牲的第 1604 天。父亲去世后,何富强愈发懂事,刻苦学习以考取重点大学,找兼职、做社工以赚钱维持家用,努力成为母亲的依靠与安慰。正在这相依为命也甘之如饴的生活慢慢步入正轨的时候,“天塌了”。

何富强协助学院忙完一天的迎新工作后,携着一身疲惫,正准备爬上床稍作休息,一个电话却突然打破了这个宁静的夜晚,也给他的人生掀起了波澜。“妈妈”“尿毒症”“晚期”“三个月”“换肾”,一个个熟悉、陌生的词汇被排列在了一起,像钢针芒刺,瞬间穿透了他的心。

“当时我第一个念头就是订票回家。但我知道,要是完全搁下了自己的未来,妈妈也决不会同意。”回想起挂断电话后的决定,何富强的语气出奇平静。权衡过后,他选择了长途跋涉的生活。

北京和大理相距两千多公里,何富强每周回家两天,往返辄途,替换日常照顾妈妈的表姐,其余时间在北京学习、工作、训练、找肾源。

“那会儿恨不得每天有 30 个小时才够用。”为了兼顾学习和工作,熬夜成了家常便饭,凌晨两三点是他允许自己休息的时间,睡不了几个钟头,又打起精神迎接新的一天。这种超乎同龄人承受能力的日子,持续了两个月。

母亲患病的事,他并没告诉身边的人。“我不想让老师和同学们替我担心。”但因为经常要请假,老师们还是知道了家中的状况。

“学校和院系老师给了我很多关心和帮助。”谈到这一点,他有些感动,幸运的是,最后终于通过父亲的战友找到了肾源。换肾手术成功了。

“那是我这辈子最开心的一刻了,”母亲终于度过了危险期,何富强有些激动,“其他的一切挫折都算不上什么了。遭遇这种事情确实很痛苦,但痛苦换来的,是内心的成长。”

坚持下去,积极生活

母亲患病是一次重击,但何富强没有怨天尤人,他觉得这是命运给他的一次考验。在周围同学的眼中,他依然满面笑容,用愈挫愈勇的心态迎接每一个未知的明天。这种生活态度,让他经受住了考验,也让他不断散发着光和热,给身边的人带去温暖和力量。

何富强曾担任亚非学院团学联主席,“他有责任心,从容、稳重,总是充满了自信和活力”,一位与何富强同在亚非团学联工作过的同学这样评价他。除了担任团学联主席这一职位,何富强也是校田径队队长,曾经担任领队参加北京市高校第50届和第51届大学生运动会。

母亲患病的那段时间,何富强刚接过田径队队长的重任,每天要带领队员们进行至少一个小时的训练。开始的日子往往最难熬,一万米的高强度训练让何富强感到身心俱疲,也一度萌生了“休息一段时间”的念头,可每当他和田径队的同学们一起踏上跑道,奔跑、冲刺时,他就暗暗勉励自己:“要坚持下去”。在母亲患病那段最忙碌、最紧张的时期,何富强也一直没有中断田径队的训练。

回望那段经历,何富强有些笑意:“每天锻炼反而让我学习、工作起来更有精神呢!”今年,何富强成为了北外自强社的首任社长,在学生处老师的指导和支持下,他和其他几个伙伴一起为学校家庭贫困的学生们搭建起了一个锻炼能力、提升自我的平台。

“为什么要选富强做社长呢? 因为他代表了自强社所要追求的那种‘自强不

息’的精神，他就是一个榜样，我们希望更多的同学能从他身上获得力量，积极乐观地面对生活。”自强社的指导老师贺老师这样评价他。

热爱志愿服务的乐观派

并不轻松的人生历程造就了何富强的志愿热情，谈起自己的成长经历时，何富强表示，“志愿服务活动让我更加积极乐观”。

这种热爱与坚持也陪伴他度过了最艰难的时刻。早在2011年暑假，何富强就加入了大理市团市委组织的志愿服务活动，那时也才刚高中毕业的他，带领团队去敬老院、特殊教育学校、大理贫困县的山区小学，为需要帮助的人带去温暖。

2012年，何富强参加了大理关爱抗战老兵志愿活动，深入偏远村落寻访老兵，为把孤寡老兵接到大理州的养老院而奔波斡旋。

“老兵们平静淡然的生活态度深深地触动了我。以前希望自己能够生活得轰轰烈烈，但和抗战老兵们相处交流过后，我学会了用积极乐观的态度体味平静生活中的点滴。”何富强说，这是他在志愿者活动中最大的收获。到现在，何富强参加“大理心”志愿者活动已经六年了，现在担任“大理心”的副队长兼京津冀中队的中队长。

“现在我更多是在做幕后工作，比如完善每年的活动方案、讨论团队的未来发展等。最近家乡云南那边也发生了一些令人惋惜的事件，我们希望可以扩大志愿团队的规模，不仅要做志愿、献爱心，更要为大理、云南的正面形象宣传，这也算是为家乡的建设尽一份力吧。”谈到家乡与他一直为之付出的志愿服务，何富强平淡的语气中透露着一份真诚。

步入大四，何富强的学习生涯将告一段落，他也面临着毕业、就业的人生十字路口：“我的目标还是很明确的，知道自己想做什么、适合做什么；但我也不会因为被心仪的公司拒绝就灰心丧气，我只想像妈妈说的那样，做一个努力的人，‘不纨绔生命，不怠慢梦想’，这就够了。”

不纨绔生命，不怠慢梦想。这也是这个二十出头的年轻人一直坚持的箴言。惟愿时光慈悲，给人以力量前行，也相信他的积极与阳光会让他一直充盈着前行的力量。

编辑手记:何富强的故事不算新颖,但仍能让人感动,这在于他的积极态度。所有微笑,都是咬紧牙关背后的坚持。在历次磨难中,何富强坚持了下来,并在重负之中承担了更多,一担未落,又捎一担。生活中的打击是考验,何富强足够乐观,而这种态度也让他在错综复杂中游刃有余。艰苦的生活让他拥有同理心,这体现在他的志愿热情上。惟愿时光慈悲,给人以力量前行,了解了他的故事后,我们也相信,这种积极的态度,就是源源不断的力量。

黄海沛:信念即责任,责任亦信念

作者:周佩文　冯心鹤　编辑:张雅荃　李鑫　殷颖超

黄海沛,北京外国语大学日语系2012级本科生,在校期间曾任日语系学生会主席,获“海峡两岸口译大赛(日语)首届邀请赛”一等奖。她热爱志愿服务,在校期间多次参加志愿活动,担任过新阳光病房学校(现为新阳光“阳光儿童之家”)志愿者、第九届中国(北京)国际园林博览会志愿者、学校多语言服务中心日语坐席志愿者、北京APEC会议志愿者等。

晚上八点,我们在当绿见到了黄海沛。眼前这个来自太原的女生个子不高,甚至显得有些娇小。平常课余时间喜欢读书,兴致来了也会做做手工,与普通女生没什么不同。可就是这个看上去柔弱的女孩,不仅挑起了系学生会主席的担子,还奔走于大大小小的志愿活动中,在为身边人的真诚付出中,书写着自己的爱与青春。

“志愿”是无需理由的信念

志愿活动是黄海沛生命中的一颗星。这是她难得有空闲的一天,然而在上午校医院组织的献血活动现场,她只是做一些辅助工作:由于身体不适,她临时取消了献血的计划。“我从17岁开始就特别想献血,但是那时候还没成年。”又一次错过了献血的机会,她的脸上写满了遗憾。

2009年的一天,日本京都已进入了隆冬。黄海沛像其他日本高中女生一样,穿着制服短裙和长袜,裸露着膝盖,冻得瑟瑟发抖。那时的黄海沛刚上高一,正在日本交换。她在学校里参加了国际狮子会下设的少狮会(Leo club)。就是在这样的一个寒冬里,她开始了她的第一次志愿者活动:为柬埔寨受到遗留地雷伤害的人募捐。

黄海沛回忆时说，她参与志愿者活动并没有什么特别的原因。比起“为什么参与”，“参与志愿活动的体验”更令她记忆犹新。“当我把大家齐心协力募捐到的钱交给柬埔寨的负责人，实实在在地感受到，这些钱能帮助到一些人的时候，那种感觉是难以言喻的。”

在有过这一次公益志愿经历后，大二的黄海沛又参加了新阳光病房学校（现为新阳光“阳光儿童之家”）志愿者活动。每周五下午，她跟其他五名志愿者一道，乘车三十分钟，抵达一个专为出院后处于维持期的白血病儿童准备的教室，用消毒液擦地，给孩子们可能接触到的一切物品消毒。接着他们戴上口罩，迎接同样戴着口罩的孩子，热心地为他们讲解有趣的知识，陪他们做游戏。在这一过程中，志愿者们必须非常小心，准备随时应对可能发生的突发状况。“这些孩子十分活泼可爱，跟普通的孩子真的没有什么不同。如果不是在病房学校，你根本不会意识到他们是患者，”黄海沛说，“我们要做的，就是让他们感受到跟同龄人在一起学习、生活的快乐。”

2013 年 5 月至 9 月，黄海沛又一次作为志愿者参加了第九届中国（北京）国际园林博览会；园博会结束后，她又开始在学校的多语言服务中心担任日语坐席的志愿者，并坚持至今；2014 年 11 月，黄海沛还作为志愿者参与到了北京 APEC 的志愿服务活动中。在志愿服务之路上，黄海沛一直不断前行，虽然志愿工作有苦有累，她的热情却从来都是有增无减。

对于黄海沛来说，做志愿是一种信念，这种信念于她而言更是一种责任——对生命的责任。

“社团”是不可推卸的责任

除了课余时间在志愿服务中投入的热情，黄海沛还为系里的学生工作奉献了心血，许多人感叹：这个女孩小小的身体里竟蕴含着如此巨大的能量。

升入大三后，黄海沛担任了日语系学生会主席，她的生活从此变得忙碌起来。她笑称，自己曾经理想中的大学生活就是泡泡图书馆，做做志愿者，但这学期以来，却忙得连图书馆大门都没进过一次。体育部的趣味运动会和若葉编辑部的摄影大赛刚刚结束，宣传部的明信片就出炉了，马上要在全校同学中进行推广；为了避免与四六级考试冲突，团学联全体部门参加的圣诞游园会不得不提前一周，准备工作一下子迫在眉睫；系里本就有大大小小的常规工作，再加上还要应对各种突发事件，每天深夜十二点后，室友都熟睡了，黄海沛仍在案头的小台灯前埋头工作。

“以前在外联部做干事的时候，自己拉不到外联，就想还有部长撑着；做副主席的时候，有了什么事，还有主席撑着。但是等自己做了主席，就发现很多责任都要自己一个人来承担了。”黄海沛笑着说。不知不觉中，责任重了不少，但她也的的确确看到了自己的成长。

在不断地接受重任与完成重任中，黄海沛发现自己好像对这个过程产生了不可名状的感觉。仿佛这也成了人生中的一种信念。

无论是做志愿服务，还是做学生工作，黄海沛都是全身心地投入；是信念让她感受到了更多的责任，责任则让她有了更强烈的信念；时间久了，海沛自己也分不清这两者到底有什么分别，它们仿佛成了难以分开的一股劲儿，更变成了她一直坚持、不断前行的动力。

黄海沛的名字仿佛说明了这一切。

“海沛，就是 happy 的意思。”这是海沛爸爸取的名字。正如她的名字一样，黄海沛永远是一个微笑着的温暖女孩，感动着身边的人，坚守着自己的心。在责任与信念两颗星下，黄海沛一路前行着，步履稳健，轻车熟路。

编辑手记：这是一个踏实、有热心肠的女生，她的责任心让她对一切事物怀着信念。而这份信念也在巩固着她的责任心。对她而言，责任和信念的力量是支撑她前行的两股源源不断的能量。

孔德然:不信今时无古贤

作者:孔德然 编辑:李鑫 殷颖超

孔德然,北京外国语大学中文学院汉语国际教育专业2013级本科生,曾担任班级班长、中文学院第十三届学生会主席,曾获北京市三好学生、北京市优秀毕业生、国家奖学金、亿阳学业奖学金、亿阳海外游学奖学金、北京外国语大学青年五四奖章、北京外国语大学优秀学生干部、“北外杯”女子篮球赛季军。

读书不觉春已深

孔德然常常在梦中看到祖先孔子的身影,他坐着一辆木车,车旁伴着几个弟子。他面色憔悴却眼神炯炯,不知疲倦地奔走于各个诸侯国之间,不求名达,只求自己思索了多年的道理能造福一方生民。

怀着年少的疏狂,孔德然曾自以为热情可比夫子,于是也常常在梦中看到自己和志同道合的青年,在异国的土地上,满怀激情地讲述着中华五千年的辉煌,讲述着泱泱大国如今的梦想。本科四年,她虽然常常担心自己“皇皇二十载,书剑两无成”,但总的来说,仍未忘初心,猛志常在。

知之至,志于学。孔德然坚信知识对人格有塑造作用,同时,作为班级的班长,也深觉有义务在班里营造出良好的学习氛围,因此她将学业排在大学生活的第一位。这样的选择使她的综合评估排名和专业课排名一直为班级第一,也获得了“国家奖学金”“亿阳学业奖学金”“亿阳海外游学奖学金”等。2016年9月她获得保研资格,保送至北京大学,继续本专业的学习。

孔德然坦言,北外特有的学习氛围,给她提供了独特的视角来理解“中文”。

“在北外学习外语专业的同学有很多,为了把世界介绍给中国,他们从字母、发音学起，有时在路上听到他们练习大舌音、小舌音，我都会从心底生出一种感动。偶尔在洗漱时听到一群成年的大学生像孩子一样讨论一个新词的用法，我不禁会向这份纯粹致敬。”正是这种学习一门新语言的态度，让她对“求真”有了更感性、更深刻的体会。“作为一名北外的‘中文人’，就应该扎实刻苦，打好基本功，只有我们每个人都对汉语负责，才能在向世界介绍中国的过程中展现我们负责任的大国形象。”

在北外学习中文，给了她这样一种踏实的治学态度。

中文学院的老师们展示了治学能够带给人的一份从容。平日内敛谦虚的老师，在论及学术问题时有一种当仁不让的自信；授课多年的老师，在课堂上仍怀一份少年心性。

孔德然从小就向往魏晋的名士风流，想要提酒携琴，畅游竹林。本以为要到山阳故地深山之中才能觅得这份潇洒，结果发现讲台上挥手画出甲骨文字形的导师自有一份嵇中散“手挥五弦，目送归鸿”的气魄。本科生对老师的认识和评价或许幼稚，但“不是逢人苦誉君，亦狂亦侠亦温文”。

同时，北外也给了她更宽广的平台。由于北外中文学院中文、英语双专业双修，孔德然也会找一些翻译的工作来同时提升自己的中英文水平。2015 年 11 月，孔德然独立翻译完成了企鹅出版社的《成功市场营销》一书。

律己服人　身先率人

在学业上孔德然投入了很多时间，担任班长又需要投入很大精力，有一段时间她一度很忙碌，担心学习、工作会做不好。有一次接到通知要去参加“歆才”团校，她当时的想法就是“啊，周六又没法休息了，不得忙死我啊！”但是上了团校的一次课给了她很大的启发。

当时老师要求所有班长讨论自己班级工作中遇到的最棘手的事情，班长们瞬间找到共同话题，大家纷纷诉苦，气氛一下子融洽起来。“在和其他班长的交流中，我渐渐觉得大学就是要全身心地投入，好好地去感受一把生活，绝对不能因为怕麻烦、怕浪费时间就推掉一些很好的活动。这也让我萌生了竞选学生会主席的想法，也开始向这方面努力。”

2014 年 11 月，孔德然如愿以偿被任命为中文学院学生会主席，开始作为总负责人着手去办一系列团学活动。担任学生会主席期间，她做了不少工作：组织同学参观抗日战争纪念馆、参加校十佳班集体评选并获得第二名、四大经验交流会、模拟面试、捐衣活动等。在举办活动的过程中，她也渐渐体会到，当一名学生干部，就要有一颗“仁者之心”，仁者悲天悯人，其心浑然与物同体，学生干部要做的，就是要体会到同学们真正的需求，洞悉人心，理解包容。

2016 年 5 月，孔德然被授予北京外国语大学青年五四奖章，她表示这份荣誉将激励她继续做一名合格的中国青年。

风行水上的少年精神

孔子曰“智者不忧，仁者不惑，勇者不惧”。孔德然常常思考何为勇者，直到古代文学课上听老师讲到李白那股风行水上的少年精神，顿感甚合本心。

勇者可以代表学院，在球场上挥洒汗水。“中文女篮从一开始的五连败成长为上届北外杯的季军，作为队员，我感到十分荣幸。”

勇者可以作为志愿者，帮助国际友人，展现大国形象。担任国际摄影周等活动的志愿者让她感受到了青年人的责任和风采。

勇者可以展示个人技能，挑战自我极限。孔德然在国际太极拳年会上曾夺得女子单刀第一名。“我们可以指点江山，和国际友人畅谈中国梦，我们院团学联主办的‘中国—马来汉语角’受到中外学生的一致好评。”

勇者精神让孔德然收获了丰富的大学生活。保研后，她更觉得勇者要敢于面对未来的迷茫。

保研考试结束后专业课相应减少，孔德然有了较多自主学习的时间，也就开始逐步制定未来的学习计划。

“当初选择保研或许就是觉得自己还得多读点书，但这大半年来在导师的指引下我开始对所选专业及自身能力做出综合思考。想来想去可能也没有什么深入的见地，但似乎体会了一丝鲁迅先生写下‘寂寞新文苑，平安旧战场。两间余一卒，荷戟独彷徨’时的心境。”鲁迅先生彷徨又呐喊，这也激发了孔德然的斗志，她也希望能做一名荷戟的勇士。

编辑手记：这是一个勇者，也是一名斗士。大学本科的生活飞驰而去。伴着“不信今时无古贤”的疏狂，孔德然将日日学习、日日思进；带着老师的教导与鼓励，同学的支持与帮助，怀一颗感恩之心，带一份少年壮志，她也将努力迈好前行的每一步。

孔庆涛:人生就是不断地经历

作者:谢刘兵　秦文超　编辑:王云芃　殷颖超

孔庆涛,亚非学院韩语系学生,2010 年以北外首位大学生士兵的身份应征入伍,并在服役结束后重新回到北外学习。在战友眼中,他是一名刻苦训练、热情开朗的"优秀士兵";在同学眼中,他是一位认真学习、照顾大家的老大哥。他就是孔庆涛:拥有让许多人叹服和羡慕的经历,却始终坚持着自己的准则,负责地走好人生每一步。

一路向上的入党历程

一袭深色大衣,黝黑的皮肤,当孔庆涛朝我走来时,并没有之前预想的那种军人式严肃;事实上,他是个十分开朗健谈的人,聊天中会不时露出一抹灿烂的笑容。

2010 年 12 月,孔庆涛以在校大学生身份从北外应征入伍,是北外的首名大学生士兵,并在部队服役期间加入了中国共产党。他说,自己对党和军人的认识最初来自身为党员、同样曾为军人的父亲。从小到大,他潜移默化地接受着父亲的教育与影响,时常助人而不求回报,并对入党这件事一直满怀憧憬。在校期间,他热心为班级组织学习小组,帮助落后同学提升成绩。他一直坚信,"助人为乐""敬业乐群"都是共产党员应具备的优良品质。在部队服役期间,孔庆涛接受了更加深入的教育,入党的想法也更为坚定。平时训练时,他比别人更加刻苦,积极争取进步,连续两年获得了"优秀士兵"称号和一次团嘉奖,最终争取到一个宝贵的入党名额。2012 年 11 月,就在孔庆涛退伍前夕,他光荣地成为了一名共产党员,实现了一直以来的愿望。

喜欢做的事,就要尽己所能去做好

“其实当兵这件事并不需要一个太刻意的理由,对我来说,可能和加入一个社团或学习一门课的感觉差不多,只是代价不同。我就是单纯地想去体验当兵的生活。”孔庆涛的回答令人稍感意外。“当时我年龄偏小,家里又支持,就果断参了军。现在回头看当时的选择,心态当然会理智一些。但当兵这件事,我一点也不后悔,一辈子都不后悔。”

刚到部队时,孔庆涛时刻处在一种兴奋的状态,对一切事物都充满热情。但几个月下来,热情逐渐褪去,单调、重复的部队生活开始显得有些枯燥。“还好自己平时就喜欢运动,性格也适合,算是比较快地适应部队生活。”他笑道。“当兵既然是我喜欢做的事,就要尽自己所能去做好。”正是这种热爱与执着,孔庆涛在部队积极进取,先后担任通信员和副班长,多次在比武竞赛中取得佳绩,连续两年荣获“优秀士兵”称号,并获团级嘉奖一次。学校武装部部长高印祺、亚非学院党总支书记杨晓京和辅导员老师曾来部队看望孔庆涛,那时他入伍已近两年,“见到学校老师,我真的特别感动。”

除了艰苦的训练,在闲暇时间,孔庆涛会看看书,与战友们天南海北地聊天。孔庆涛对部队生活最深刻的感情,就寄托在这群与他同甘共苦的战友身上——平素训练时的点滴乐趣,烈日骄阳下的齐心协力,别后的不舍与回忆。“印象最深的是我们在新兵连训练结束后,每人都要被分到不同单位。我站在原地,看着我们班的战友一个个被点到名,一个个就马上离开。我甚至连和他们拥抱一下的机会都没有。当时那种难过的心情真的无以言表。”

“还有就是退役仪式的时候,当国歌、军歌依次奏起,正式宣布你光荣退役的一瞬间。临走前和战友喝酒,喝着喝着,眼泪就‘哗’地一下涌出来了。那一瞬间觉得,这些经历的战友情,真的让你舍不得。”他轻轻地叹了口气。正如孔庆涛所说,当兵这两年,收获的是一段充实且宝贵的经历,足够用一生去回忆。而他追逐自己所想所爱,并为之坚持不懈地付出努力,这种精神着实打动了我们。

去经历，但要对自己负责

2012 年底，孔庆涛从部队退伍后，回到北外转入了韩语班。身为党员的他依然追求上进，担任起班长一职。他坦言，看到同龄的朋友已经毕业离校或是考研深造，自己难免有些压力，不过“有得必有失”，自己从未后悔过参军。相反，再次回到母校，看到北外注入了更多新鲜血液，自己的心态也更年轻起来，偶尔会忘记自己的年龄。

一年后，孔庆涛又选择了一条少有人走的路——留学朝鲜。当被问及为何选择去朝鲜而非韩国留学时，孔庆涛答道：“其实非常简单，因为我觉得朝鲜这个国家非常神秘，也许留学是这辈子唯一能去那里的机会。”他不愿只从别人口中获得关于朝鲜的说法，更想亲自去看看，形成自己的印象与判断。同选择参军一样，孔庆涛留学的初衷也是渴望得到更多的经历与见识。

在异国学习生活的日子里，孔庆涛得以看到了与多数人印象中不同的朝鲜，这里淳朴的美也使他深深喜欢上这个国家。回忆起留学经历中印象最为深刻的瞬间，他不假思索地说：“是飞机在北京机场着陆的那一刻。”“回国的时候，我们满飞机的留学生集体起立欢呼，其他人诧异不解，感觉我们像疯了一样。”久别后重回故土，孔庆涛深刻体会到了对祖国深深的依恋之情。

在外人看来，孔庆涛似乎活得很潇洒，然而他本人并不这么认为。孔庆涛说，自己一直是按内心的想法去追求想要的生活，但这是在不违背原则，不触犯他人利益的前提之下。虽笑称自己“走一步看一步”，但孔庆涛却始终在遵循父亲的教诲，那就是“对自己走的每一步负责，不论做什么，都尽力去做好”。

最后，谈到对学弟学妹有何经验可以分享，孔庆涛回忆说：“大一的时候我也曾听了很多讲座，一个很牛的学长说自己背下了整本英语词典，于是第二天我也买了一本词典背，可没几天就放弃了。后来我发现，谁都不是谁的模板，可以去听听前人是怎么走的，作为参考；但终归要走适合自己的路。去经历，但要对自己负责。”

编辑手记：“去经历，但要对自己负责”，这一句话就打动了我。正如肖复兴在《忆秦娥》中所说，“一切发生过的事，都不会水过地皮干一样很快就消逝或被遗忘殆尽，你做过的事，生命中会留下轨迹；你没做的事，生命里会留下空白，你什么也躲不过。”孔庆涛用他亲历的人生，在青春空白处画下了最绚丽充实的一笔。

雷定坤:望之俨然,及之也温——人生的中线法则

作者:雷定坤　编辑:李鑫　殷颖超

雷定坤,北京外国语大学亚非学院印地语专业 2011 级本科生。大学期间连续三年获得奖学金。曾在中国印度商会实习,因业绩突出受到商会秘书长的好评。毕业后考入清华大学发展中国家区域研究硕博连读。

学习似练武

由人体正面眉心之一点下拉一直至下阴之一点,便是自己之中,亦是人体重心所在。

在武学中,各门各派,如散打、泰拳、截拳道对于如何有效保护人体中线,都有自己的方法原则。而咏春拳则反其道而行之,直面对手、大气凛然,但同时又十分注重保护中线,将中线原则作为最重要的理论指导。基于中线,守住中线,进退有据,没有花招,不偏不倚,借力打力,出招快速有力,以最短时间、最小的动力资源、最直接简单的方法达成预期的理想效果。

雷定坤认为人生也有和咏春拳一样值得坚守的中线原则,这个中线原则是我们毕生修炼的内功心法。中国的儒家文化强调人生的四个阶段"修身、齐家、治国、平天下",印度文化中也将人生分为学生时代的"梵行期",结婚以后的"家居期",离家出走的"林栖期",苦行生活的"遁世期";对比起来,抛开宗教因素,可以发现,两大文明古国的传统文化中对人生"中线"的划分是如此惊人的相似。在人生的每个阶段都要明确自己的主要目标,在明确了中线后,就要不耍花招,不偏不倚守住中线,用最直接简单的方法,专注地奔向目标。

对于目前处于修身或者"梵行期"的雷定坤来说,学习是他的中线,学习语言

的中线也非常明确:Language,包括 Hindi,English,Chinese,Hinglish。无论如何也要尽全力守住自己的中线。

“学习一门全新的语言,和小时候牙牙学语没什么两样,在学校,老师即父母,帮助我们时时刻刻纠正语音语调。我们出了国还得念着挂着我们,不努力守好中线、搞好学习真心觉得对不住老师们。”经过努力,大学期间,雷定坤连续几年获得了奖学金。但作为一名北外学生,他觉得光学好一门非通用语还远远不够,英语也同样重要,并且,英语和印地语都是印度的官方语言,所以进入大学的第一个寒假他就擅自决定不回家,报了英语学习培训班。“家里人当然都无法理解,怎么刚上大学假期就不回家?不怕过年孤独啊?我当时对自己说,要专注地奔向目标,要耐得住寂寞。其实后来我发现,在学校过年,感受到学校领导和老师们的关怀,也是非常温暖的,除夕夜学校还组织我们吃年饭,一起看春晚,一起唱歌,一点儿也不孤独。”

基本功:与人在沟通中切磋

雷定坤把大学中的学术切磋称之为“练招”。

一进北外他发现身边的学长学姐中有很多“高手”,而雷定坤一直在拼命地向他们学习提高,修炼自我。北外的校园虽然很袖珍,但却能提供各种各样的平台去学习招式:学生会、社团、跨学院的双学位课程、社会实践等。

雷定坤个人从小到大比较喜欢主持文艺活动,所以他选择了院文艺部、校国际交流部、校讲演队。他有些骄傲,说自己在大学四年几乎主持了北外所有的大型晚会,包括四年里主持了三届“十大歌手”,两届十佳班集体评选,两档电视节目。

“说真心话,每次主持完心里都有落空的感觉,这种空虚感完全因为自己将所有的热情和精力都绽放在了台上。”雷定坤曾经疯狂地在一周内主持了 4 场大型活动,有时候为了效果也是“蛮拼的”,主持“十大歌手”时,他当时还是重感冒,但是怕吃了药后状态不佳就停了消炎药,硬是扛了 3 个小时。情绪的转换和状态的调整十分重要,在一系列活动中他学会了动静结合这关键一招,提升了自己语言表达能力和与人沟通的能力。

在国内学了一些招式还不够,雷定坤打趣道,自己想追随玄奘的脚步,继续前往印度取经。

国外学招过程中,雷定坤的中线也同样十分明确——也就是语言与文化的研习。

基于这样的中线,他开始深入了解和感受印度社会,包括买菜时为了一块钱讨价还价,其实真正的目的在于习得 local language;他积极地争取参与大使馆陪同接待工作,幸运地成为了当时唯一一位参与第二届中印战略经济对话筹备工作的中国留学生,会上接触到了外交部翻译司的高手们,也请教了很多关于英语学习及翻译的问题。

进阶武学:创造自己的故事

"中线原则"是心法,"练招"是扎实打好基本功,那么,进阶武学就是要"创招"了,去创造属于自己的招数,也可以说就是创造属于自己的故事。

"我们常常在听完一些牛人的演讲后感到热血沸腾,给他们贴上一个成功人士的标签,膜拜不已。"雷定坤也曾一度痴迷成功励志学,每到机场必去免税书店看成功励志书籍。看来看去,最后发现,其实内化为自己的东西并不多,他才发现,自己始终是在看别人的故事。

"很惭愧地说,在准备讲稿时,直到看到'stories worth spreading'这句话,才突然回想起母亲生前常常对我说但我都没在意的一句话:成功是一种生活态度,而积极地创造故事本身就是一种成功。"成功人士之所以成功,是因为他们创造了一个个属于自己的故事,这些故事串联起来成为了他们精彩的人生。母亲在雷定坤心里就是这样的人。

雷定坤大二一回国,整个暑假都守在医院陪伴在母亲身旁,陪她与病魔相抗争。"说实话,不得不佩服她的生活态度。"

她喜欢和医生聊天,是了解几乎所有主要癌症用药的小专家。母亲是病房内唯一和护士打成一片、嘻嘻哈哈的一位;她是唯一一位能完全读懂自己的检验报告的病人;她是唯一一位每天坚持看书,偶尔也拉着雷定坤看《爸爸去哪儿》还超级喜欢 Kimi 的病人。

雷定坤这才意识到她是在用行动向自己诠释创造属于自己故事的含义。

母亲去世六个月后,雷定坤第一次有意识地创造了自己的一个小故事。

雷定坤联系了中国印度商会的秘书长,争取到了实习两个月的机会,希望在大学毕业前尝试着在商贸领域创造一些属于自己的故事。他十分珍惜这短短两个月的实习期,在做好办公室分内工作的同时,又发挥他的语言技能和与人交往的能力,带领了一家中国企业前往孟买自由贸易仓库租赁区,在五天内搞定了考察、租赁仓库到签订合同的全过程,协助商会与数十家印度企业建立起合作关系。临走时,秘书长说他两个月做了别人六个月的事。

几月前,雷定坤幸运地考上了清华大学发展中国家区域研究硕博连读。之所以选择报考这个项目,一是深知自己目前的修炼还不够,二是希望用好语言这门工具,进一步读懂、读透印度,把更全面、更真实的印度介绍给中国。

在接下来的五年中,他还将继续坚守中线原则,用自己的努力创造更多的故事。

编辑手记:雷定坤是个幽默的人,他将学习比作练武,将切磋比作过招,从他的经历中,我们受益匪浅。人生路漫漫,修炼法门各不相同,但不偏不倚守住中线,踏实练招,积极创造属于自己的故事,或许成功就在下一个路口等着你。

林晨昭:摘星星的人

作者:林晨昭　编辑:李鑫　殷颖超

林晨昭,北京外国语大学阿拉伯学院2013级本科生,在校期间曾获得国家奖学金、华为奖学金、校二等奖学金、校三好学生、校社会工作奖及全国高校汉阿文学翻译大赛二等奖。成绩优异的同时,林晨昭拥有同样丰富的社团生活,也有自己热爱的公益活动。这一切的初心源于小时候的一句话,“要成为一个很厉害的人”。这句话也让林晨昭在脚踏实地中仰望星空。

第一颗星:阿语学习

“长大以后想成为怎么样的人?”林晨昭的父亲常问他这个问题,年幼的他颇有“初生牛犊不怕虎”之气。“要成为一个很厉害的人。”这是小时候的林晨昭给出的答案。

流光潜逝,随着年纪增长,林晨昭心里对“厉害”的定义也在慢慢发生着变化。

“五年级的时候,我觉得在学校门口卖糖人可以引来一群同学啧啧称奇,所以这是一个很厉害的工作;上了初中,我又想成为赛场上动作矫健挥洒青春汗水的篮球运动员,”林晨昭有些笑意,进一步阐释了他与阿拉伯语的奇缘,“上大学报到的那一天,我站在北外门口,眼睛直勾勾地盯着‘北京外国语大学’七个大字,心想:我一定要学一口流利的阿拉伯语。”

林晨昭本科阶段的学习从这个决定开始。“学会厉害的阿拉伯语”是他最初的信念,这个信念也带领他走了很远,至今未停。过去的几年中,林晨昭的专业课排名始终名列全年级第一,这些成绩的背后是一种携着汗水的坚持,也是一种得当方法的体现。

在低年级阶段,基础知识的夯实与巩固是林晨昭的关注点。高效学习的状态,使他在大二下学期的全国阿拉伯语专业四级的考试中以全国第二的成绩获得优秀证书。进入高年级之后,林晨昭更加重视各学科的均衡发展,大三阶段,他入选了“北外国际化战略人才培养计划”。“通过对经济、政治和哲学领域课程的研修,以及院内专门开设的口语和中东研究等课程,我的视野得到了进一步开阔。”

付出总有回报,林晨昭得到的回报也足够让人欣慰。在校期间他曾获得过本科生国家奖学金、华为奖学金、校二等奖学金以及社会工作奖、校三好学生等荣誉称号,并在首届汉阿文学笔译大赛中获得二等奖。

“由于我的专业是阿拉伯语语言文学,与阿拉伯伊斯兰文化密不可分,我便因此产生了以本专业为落脚点和优势条件,对与本专业有关的某块领域进行探索研究的想法。”在学好专业课程之余,林晨昭也注重专业方向的研究和创新能力的培养。

第二颗星:创新计划

2008 年,金融危机席卷全球,以美国为代表的西方发达国家银行业纷纷遭受重创。而伊斯兰金融领域却相对平静,伊斯兰银行和承销商的业务活跃如常,所有开展伊斯兰银行业务的西方金融机构安然无恙。这一现象引起了林晨昭对伊斯兰金融极大的好奇心,在好奇心的引导下,他和两名同学共同申报了国家级大学生创新创业训练计划,项目名称为“探索伊斯兰金融体系在穆斯林为主体的民间金融领域发展的可行性———以宁夏同心县为例”。

“我们以宁夏同心县独特的地域文化为视角,在研究伊斯兰文化及经济、金融思想的基础上,对宁夏同心地区的部分企业以及普通家庭进行走访和问卷调查,客观描述和分析伊斯兰文化影响下的宁夏同心地区民间借贷的基本特征和运行规律。其次,探求伊斯兰金融在宁夏同心地区民间借贷领域发展的优势,揭示伊斯兰金融在宁夏同心地区民间借贷领域的发展的路径以及在穆斯林聚居区发展的可能性。最后,提出伊斯兰金融在宁夏地区民间借贷领域发展的意见和建议。”这个计划给林晨昭带来了专业课程学习无法给予的经验,“通过这一创新项目,我对伊斯兰文化有了更为丰富的理解,对伊斯兰金融有了基本的了解,同时也在一定程度上培养了我的学术和实践能力。”

2016 年 9 月,林晨昭参加了北京大学的保研考试并以第一名的成绩被录取。提起关于保送考试的经验,他总会提及八个字:镇定自若,沉着应对。“在北外的学习为我的语言技能打下了坚实的基础,通过阿拉伯文学、历史、时政等多门课程的研修,我对对象国的文化有一定程度的了解。心中有货,自然也就不怕考试了。”

谈到自己的收获,林晨昭有些欣慰,欣慰之余,他也深知不可固步自封。他用庄子的一句话概括了自己的想法:“吾生也有涯,而知也无涯。掌握的知识越多,我越感到自身的欠缺与不足,在求知的这条路上,我永远在路上。”

第三颗星:社团体验

除了学习生活之外,社团活动也是贯穿林晨昭过去四年生活的一个重要部分。

大学伊始,他就跃跃欲试地报名了校合唱团,并成为男高声部的一员。合唱团一周有两到三次集训,每次都会训练到晚上十一点多,对于阿语专业的学生来说,这一任务并不轻松,但因为对唱歌的热情,喜欢那种被歌声包围的感觉,林晨昭乐在其中。

让他记忆犹新的场景发生在大一结束时:林晨昭和其他团员们在怀柔的军训操场前为教官和同学们表演节目,星空、蝉鸣和动人的歌声交织成他难忘的记忆;这些场景还包括一行人一同前往湖北卫视录制节目,在小小的录制棚里,林晨昭和伙伴们留下灿烂的笑容与美丽的音符。“我们在学校里举办夏季专场音乐会,我站在舞台中央,面对着台下热情的观众情不能已。在合唱团的日子里,我收获了友谊,放松了心情,我相信无论这段记忆过去了多久,我依旧会清楚地记起,永远也不能够忘记。”

在学校的社团中,林晨昭收获了友谊,在院系的工作里,他更多积累的是经验。

“从一名懵懂的干事,到能独当一面的副部长,在宣传部的经历教会了我很多,无论是审核系刊稿件、整理公众号的推送,还是制作迎新展板、采访知名系友,都让我收获颇丰。”其中让他印象最深的就是 2014 年秋天前往中央电视台采访阿语频道主持人的经历,从事先的联系安排,到采访内容的收集整理,再到采访过程中的整合提问，直到最后整理成稿，对他来说都是可贵的经历。“我不仅从负责采访的这项任务中体验了做一名记者的乐趣与辛苦，也从采访内容中得到了他人在人生旅途上宝贵的经验。直到现在，我依然非常感激能够成为院宣传部的一员。”

第四颗星：永恒的目标

林晨昭的生活因为各种经历而精彩纷呈。2015 年的夏天，他跟随歆语工程淮安支教团前往江苏淮安吴承恩中学进行为期一周的支教。因为时间较多，林晨昭深知在这么短的时间内无法教给孩子们太多知识，所以他选择传递给他们知识的力量。“在课堂上，我鼓励每一个孩子举手发言，对他们的回答给予表扬与肯定；课下，我与孩子们打成一片，聆听他们的梦想和愿望，也跟他们分享我的故事。”在这次支教经历，林晨昭付出了真心，也收获了感动。

直到现在，林晨昭还是想成为一个很厉害的人，他也渐渐明白了“厉害”的含义。无论是校门口捏糖人的师傅，或是球场上挥洒汗水的运动员，还是会说一口流利的阿拉伯语的外交官，“只要是对社会有贡献的人，都是厉害的人”。林晨昭也一直在为这个目标而奋斗。

学习之余，林晨昭参加了 G20 国际峰会阿拉伯语电话口译“一带一路”媒体合作论坛等志愿活动，多次参与无偿献血，“希望能尽自己绵薄的力量为社会做贡献”。

“在这些活动的参与中，我更懂得了什么是感恩。心怀感恩，让我走得更加踏实，也让我看到了世界的美好。我也相信只要每个人都怀有一颗感恩的心，世界就会变得更美好。”

至今，林晨昭已经摘得了天空中明亮的星，但他仍然是追逐繁星的人。

编辑手记：林晨昭一直在仰望星空：他想成为一个很厉害的人。从小时起，厉害这个词的定义就在不断变换着，每个阶段，他都给自己制定新的计划和目标。林晨昭也一直在脚踏实地：目标看起来宏大，但总能逐步击破，他也这样按部就班摘得了他的星星。要心怀理想，也应脚踏实地，这是林晨昭给我们的启示。祝愿他能摘得夜空中最亮的星。

刘畅:360 度成长,360 度追寻

作者:刘畅　编辑:丁也凡　殷颖超

刘畅,男,北京外国语大学法语系 2011 级本科生,国家奖学金获得者。曾在 CCTV“希望之星”英语风采大赛、全国大学生外交外事风采大赛、第四届全球化与青年责任“北外杯”辩论赛、第四届京津高校法语电影配音大赛、首届 CCTV 法语大赛、第十届京津高校法语演讲比赛等赛事中获奖。北京外国语大学“青年五四奖章”获得者。入选北京外国语大学国际战略人才培养计划。本科毕业后进入国际组项目班,并获得北外和巴黎政治学院两个硕士学位。

“360°的概念源于 360°考核法,它是全方位多维度交叉的评价方式,它不仅适用于企业对员工的考核,也同样适用于我们对自己的评价。”

刘畅的一位同学笑言,看刘畅的朋友圈就好像在读一部励志成长史,每天都在以打鸡血的方式展开着故事情节。刘畅自己也曾统计过,在最忙的时候他一周要同时处理 12 件事。回想过去的大学生活,他始终在以奔跑的姿态追寻着 360°全面的自己。

360°的全面发展始于 360°的专业学习

2011 年 9 月,刘畅跨入北外,走进法语系。在这里,他第一次知道法语的动词变位原来如此让人痛彻心扉;第一次知道学法语的孩子去的原来并不是浪漫的法国,而是艰苦的非洲;第一次知道原来床是阳性的、桌子是阴性的……尽管遭遇了这么多未曾预料的“第一次”,这门仅时态就有 20 多种的语言,仍然成为了他走向更宽广舞台的起点。刘畅说,360°全面发展不仅是指在各领域的协调发展,在专业学习中,也要从“全面”二字入手。在大学四年里,他通过参加各类活动不断提

升法语的综合运用能力:从法语演讲比赛、电影配音大赛,到央视法语大赛;从中非论坛、法国艺术博览到中法文化史迹展……刘畅在不同的舞台上展现着自己的风采,同时也在不断的参与中收获到累累硕果。

把握好专业学习更是追求全面发展的起点,它如同360°圆的圆心,支撑着人生奔跑的轨迹。如果说在高中时代,生活是两点一线、简单的一维空间,那么如今我们面对的则是三维立体的大学生活。专业学习是其中重要的组成部分,但绝不是唯一的部分。在丰富多彩的大学生活里,我们更应当去追寻360°的自己。刘畅认为,实现360°全面发展的秘诀是"stay hungry, stay foolish",敢于跳出熟悉的小圈子,去参与不同的事务,去探索未知的领域,坚持自己的选择,保持内心的热爱。

不要拒绝尝试对未知领域的探索

大二的时候,刘畅偶然间接到一个电话,国际关系学院的一位学姐对他说,她们打算组队参加全国大学生外交外事礼仪风采大赛,但还缺一名口才好的同学,负责模拟外交部新闻发言人并回答记者提问,并向他发出了邀请。作为非外交专业的学生,刘畅起初十分纠结。虽然在学姐的盛情下答应了下来,但他始终背负着很大的心理压力:这毕竟和自己所学的专业完全无关。但当他冷静下来,转念一想:为什么要限定自己只参与和本专业相关的活动而不去尝试新的领域呢?打定主意后,刘畅开始全身心地投入到比赛的准备之中。从此,外赛便和他结下了不解之缘,伴他走过了大学最重要的时光。

连续两年参赛,连续两年辛苦准备,从外交史到情景模拟,从国家专题到时事新闻。尽管刘畅并不能确定以后正式走上外交之路,但他从不后悔:如果当初不去探索专业学习之外的新领域,他就不会有机会主动深入了解中国外交,尝试以新闻发言人的姿态代表一国政府阐述立场,也不会唤起心底对外交外事活动的崇敬与向往;他也将失去更大限度了解自己能力的机会,失去与全国各高校优秀学生相互交流、相互学习的机会。正是因为当初他勇敢地接受了挑战,才使自己从此多了一份阅历、多了一份成长,才有了日后报名国际组织项目班的勇气。这段经历让刘畅深有感触:"不要只局限于书本上的专业知识,不要拒绝尝试对未知领域的探索,虽然结果不一定尽如人意,但在过程中你已经收获了更好的自己。"

企业对求职者的考核比你想象的更多元

到了大四,听已毕业的学长学姐传授了许多就业经验,刘畅意识到,用人单位看好的并非是学习成绩第一第二的,企业对求职者的考核比你想象的更多元。大四上学期,他参加了就业力大赛,经历了一次360°的检验。

就业力大赛决赛中,选手们需要在不知道具体状况的场景中,根据演员的表演对发生的问题做出相应的临场应变。这也是为了考察参赛选手的职场综合实力。刘畅抽到的情景是:在孔子学院60周年庆典大背景下的一堆问题。抽完签、登上舞台、追光就位……临时演员一上场就拉着他说:“组长、组长,出大事儿了!”刘畅的大脑中一瞬间竟有些空白。原来,剧情设计的是:院庆专刊被否,要在一天内给出新方案,然而孔子学院院长失联、采访难推进,杂志排版负责人又请假,后续工作随之搁浅……当事情一件件摆到他面前的时候,画面却似乎一下子熟悉了起来。曾在法语系团学联担任文艺部长和主席的工作经验让他能够相对从容地处理在这个模拟场景中出现的突发问题:过去,部长们也曾在策划出差错的时候找他商量解决方案;编辑部的系刊也曾出现过排版问题;在组织大型活动的过程中,他们也遇到过不讲道理的选手、遇到比赛开始却无法联系到评委的状况……刘畅迅速进入工作状态,认真思考后给出了相应的解决方案,一一化解了难题。最后一句“让我们一起加油”话音刚落,刚好响起“时间到”的提示音,伴随着的,还有台下观众热烈的掌声。

就业力大赛的考核是全面而多元的:临场应变、沟通表达、团队合作……就业力大赛结束后,刘畅思考了很久,他感悟到:所谓就业力,就是个人的综合竞争力,是一个综合指数的考察,就像现在各大企业流行的360°考核评价机制,看重的是一个员工在各方面的综合表现。在大学生活这个三维空间里,除了与书本相关的专业学习,还存在着很多个平面,它们是由实践探索和自我磨砺构成的。

“在大学这个人生阶段,很多收获必须亲身参与才能获得,很多阅历,是书本永远无法取代的。”刘畅对此深有体会。

给周围的人传递正能量

大四那年，作为去向已定的准毕业生，刘畅似乎可以开始好好享受最后的大学时光。但他却选择继续担当起一份责任，尝试一个新角色——法语系朋辈辅导项目负责人。他希望能通过自己的力量给周围的人传递正能量，送去力所能及的帮助。

法语系朋辈辅导项目旨在帮助大一新生顺利完成角色转变，更好更快地适应大学生活，走好大学第一步。朋辈辅导，简单来说就是由选拔出的高年级的朋辈导师结合自身的学习、工作经验为大一年级新生提供专业学习、心理健康以及大学规划三方面的帮扶。作为负责人之一，刘畅和其他两位大四的同学一起设计了相应的模块及其需要具体展开的活动，同时也带领着整个朋辈导师的团队。刘畅回忆说，最感动的瞬间，是偶然在朋友圈看到学妹发的一段话："现在我大一，你大二，什么事情我都问你，你都教我；之后我大二，你大三，我照着你的样子教别人。最后我大四，你走了，我们可能没有机会见面。再最后，我也走了，可能也会有这么个人在想我吧……致所有领着我们进入大学的那些大二的、当然还有大三的最棒的学长学姐。"从这位学妹简短的文字中，刘畅读出了朋辈存在的意义、读出了作为导师应该有的用心与担当、读出了同龄人之间的感恩。"这就是我们一直在寻找的正能量，也正是这股力量让我们有勇气去克服项目实施初期的种种困难，并激励着我们继续前行。"

塑造360°全面发展的自己

刘畅总在问自己：究竟如何定义优秀？如何让优秀成为一种习惯？对于这两个问题他也早已给出了自己的答案："回顾走过的路，近千个脚印依旧清晰，坚持去追寻最好的自己，以榜样的力量去传递最强大的正能量。"未来几年他将继续在北外"探索国际组织需要的复合型人才培养模式"项目班深造，在前进的路上他也将继续追寻360°的自己，"我相信这将是一个永不封闭的圆，而我奋斗的脚步也永远不会停止。"

“不要给自己设置太多限制，尝试你所未知的，坚持你所热爱的，不断实践和探索，你就能塑造出360°全面发展的自己”，刘畅如是说。

编辑手记：刘畅就像是一个在阳光下不断奔跑的少年，执着地想要为自己的人生画一个360°的圆，这个圆，既象征着“圆满”，也象征着“全面”。他敢于尝试未知的新事物，始终坚持内心的第一选择，在不断的实践与探索中让人生更加丰富、更加精彩。这是一种追寻360°的态度，更是一种坚持自我的力量。每个人的人生中都会遇见一个“刘畅”，他不断追逐、不断前进，最终成功抵达彼岸的理想国。

罗然:身随心动　砥砺前行

作者:罗然　编辑:刘临风　李鑫　殷颖超

罗然,北京外国语大学2014级法语系学术型研究生,在校期间先后获得硕士研究生三等学业奖学金、二等学业奖学金、一等学业奖学金,2016年第四届法语人才大赛全国一等奖,2017年全国高校法语专业第十一届硕士生论坛论文二等奖、“永旺杯”第九届多语种全国口译大赛法语交传组三等奖、北京市优秀毕业生称号。

专业学习:兴趣为本、方法为要

时光荏苒,白驹过隙,从2014年9月二次踏入北外校园以来,三年的时光已悄然流逝。

罗然犹记得入学时,北外的地标建筑图书馆才刚刚正式开放,而它门前醉人的小花园以及今天宏伟的西综合楼,当时都还在零零星星的工地里孕育着自己的“破茧成蝶”:的确,三年的时光看似短暂,却足以在点滴之间聚沙成塔、集腋成裘。

回望自己过去的三年,罗然有过失落与挫折,更多的,则是个人成长后的积淀、服务同学后的满足以及面对未来的希冀与坦然。

四年的法语本科学习时光转瞬即逝,出于对进一步学习人文社科知识、加深对世界了解的渴望,罗然选择了攻读法语国家及地区研究的研究生。

研一的学习生活紧凑而充实,“国际政治”“法国国家及地区研究”“西方政治学”“中国问题研究”等课程,在加深学生们法语涵养的同时,也很好地契合了罗然自身的兴趣点,这促使她在完成课业任务的同时积极思考,并主动吸收相关的扩展知识,遇到疑问也常与老师交流探讨。

在学习层面，可以说罗然度过了极其充实、满足的一年。

出于对政治学的热爱以及对其进行系统学习的需要，罗然在研一学年末自主申请至波尔多大学经济与法律学院选修政治学研究生课程。在法国的一年，她不仅结识了法语国家朋友、法语突飞猛进，专业素养与学术水平也不断见长，更第一次真正地从政治学的不同维度去全面理解、参透它。

在与导师保持积极沟通的同时，罗然完成了与难民议题相关的毕业论文——《移民危机前的法国难民接收体系：挑战与改变》。这份凝结自己三年学习积淀的论文最终获得了导师的认可与肯定，并获得了上海外国语大学举办的"全国高校法语专业第十一届硕士生论坛"二等奖。

校内生活：乐于奉献、集体优先

因为自己热心集体事务，并一直希望可以为大家多做点事，研一期间罗然便担任了班级团支书、研究生党支部宣传委员等职务，辅助班长及支部书记完成相关工作，为集体建设出谋划策、身体力行。

身体是革命的本钱，以球会友不仅是身体的放松、精神的愉悦，更是培养团队竞技协作的良机。为此，研三的她加入了成立仅仅两年的研究生女子篮球队，结识了一群不同专业背景却志趣相投的伙伴，在彼此的磨合中共同进步共同成长，积累了珍贵的集体回忆。

校外经历：讲好中国故事，弘扬北外风采

在校外，罗然也没有忘记学以致用的原则，而是积极把握实践专业的机会。习总书记在五四青年节的发言中曾提过："当代青年要树立与这个时代主题同心同向的理想信念"。这句话似乎特别契合外语人在当今世界格局下应把持的态度，尤其是在如今中国和平崛起的背景下。

"历史赋予了我们宣传好中国形象、讲好中国故事的使命，外语这个专业给了我们报效祖国的机会。"为了践行这个理念，罗然在研究生期间也积极投身到各个领域的对外事交流活动中，在实地提升自身专业水平和经验的同时，也为祖国对

外交流事业贡献了自己的一份力，如陪同魁北克省长访京团、卢浮宫艺术品负责人、瑞士江诗丹顿制表师、法国建筑科学中心工程师等等，参与了外交、商务、文化、科技等多个领域的中外交流活动。

另外，在对历史浓厚兴趣的推动下，罗然还与其他两人合作翻译了法国作家Max Gallo 的作品《1914：世界的命运》，这次合作翻译带来了不同翻译风格的交流与碰撞，最后经由三人不断沟通、确认而最终翻译出的作品也得到了出版方的认可——这本即将由民主与建设出版社出版的图书也算是为外语专业出身的自己立下了翻译路上的一道里程碑。

罗然并不满足于此，学习之余，她参与了各类与专业相关的竞赛，先后获得了2016 年法国工商会组织的第四届“法语人才大赛”全国一等奖、第九届全国多语种翻译大赛法语交替传译组三等奖。“这些参赛经历给我带来了许多交流提升的机会，结识了不同高校、不同领域的学生和法语人，提升了自己的眼界。”

“感谢曾经那个敢于尝试、全力以赴的自己；感谢一路上陪伴我、不吝向我伸出援手的亲人、朋友、老师、同学；也要感谢北外，不仅给了我一生受用的人文熏陶，还给了我‘北外人’的自信与自豪。”一次结束意味着一次开始，研究生三年的成长、成熟与积淀无疑将成为罗然迎战未来的宝贵筹码。

编辑手记：罗然取得的成绩斐然，这源于她在各个方面的不断尝试。虽然专攻法语研究，但她的视野不局限于此，而是跨越围墙之外，探索新的领域。罗然拥有着不断探险的灵魂，这样的灵魂让她永远不知疲倦，一次结束意味着一次开始，每一次的积淀都是她的一笔财富与筹码。

罗雪萍:努力生活,运筹帷幄

作者:罗雪萍　编辑:李鑫　殷颖超

罗雪萍,高级翻译学院2016级硕士研究生。在校期间任高级翻译学院研究生会文艺部部长、班级团支部书记,第八届"北外青年五四奖章"获得者。曾多次获得国家励志奖学金、校级综合奖学金,"校级三好学生""优秀志愿者""优秀学生干部""优秀团员""社会工作积极分子"等荣誉称号。曾公费赴台交换学习,现已通过国家发改委和农业部实习遴选。

贫而无志则羞

罗雪萍生长在一个贫寒的家庭,母亲有精神疾病家族史,身体伤病连连。在罗雪萍未记事时她就被送到了外公外婆家寄养。外公外婆种地为生,两个姨妈虽然还在上学,但是要合力负担她的学费生活费。

幸运的是,亲人们明白"贫者因书而富"的道理,一直鞭策她好好学习、早日成才。

"贫困并不可怕,只要奋发图强、拼搏进取,生活一样可以阳光美好!"回首过去的经历,罗雪萍慢慢体会到了贫不足羞、可羞是贫而无志的道理。

罗雪萍坦言独立、自强的性格是家庭给她的最大的影响。

"外公外婆都是种地为生,没有什么文化;他们给我的家训很简单:勤勤力力,自自觉觉。意思就是要勤奋,要自觉。勤奋是要多干家务活、多刻苦学习。自觉就是如果家里大家都在忙的时候,在没人监督的情况下也要自觉地干活、学习。"罗雪萍从小培养起来的勤奋、自觉也是家庭环境所趋。这也是她毕业规划的依据之一。

这种勤奋让她一直拼搏，而好奇心，则是她前进路上的另一个动力。

“自己平时什么都会想知道一点，遇到不懂的问题也会刨根问底，一定要把它弄明白。”罗雪萍笑言，这可能是翻译的“职业病”。

罗雪萍很喜欢著名生物学家赫胥黎说过的一句话：Try to learn something about everything and everything about something. 她非常想去更多地认识这个世界，去探寻未知的领域。学习工作中，“乜都知多滴”（粤语，意思是什么都知道多一点），日积月累就会融会贯通，感悟到求知新境界。“为人处世时，诚心倾听他人的真实想法，也会让自己事半功倍，更收获一份深厚的友谊。”

贫因文艺而富

知识即力量，尤其是在科技发展日新月异的当今世界，没有知识就无从立足社会。

继入学时获新生奖学金三等奖，罗雪萍愈加勤奋，上课积极发言、课后拓展知识。笔译专业方面，曾获高级翻译学院纪念长征胜利 70 周年翻译比赛一等奖；口译专业方面，期末获得老师认可，评语包括“口译基本功越来越扎实，通过课上做 presentation 的翻译，看出临场翻译非常稳定”“擅长正式会议发言的翻译”等等。另外在拉丁语这门选修课上还取得了期末总评 98 分的好成绩！这学期还在本来就很充实的高翻专业课程安排的基础上，继续选修《拉丁语》、加选《古希腊语言文化》，每周日坚持上学校的德语培训班，决不停下求知若渴的步伐。

匈牙利作曲家李斯特说过，艺术是开在枝繁叶茂的知识之树上的鲜艳的花朵；古人云，通文达艺——艺术不是富人的专利，贫者也可以有一双发现美、欣赏美的眼睛。

紧张的学习生活之余，罗雪萍格外喜欢欣赏音乐舞蹈、游览艺术展馆，借此愉悦身心、陶冶情操。

十月底研会选举，罗雪萍高票入选文艺部。肩负师生厚望，上学期她主要完成两项工作：一是新年晚会：前后筹备近两个月，经过节目方案预审、排练效果初审、主持人选拔。最后彩排指导，于 12 月 23 日晚在红楼成功举办“2017，和你译起”高翻学院新年晚会，师生校友齐聚一堂、其乐融融，大家欣赏了精彩纷呈的节目，领略了高翻人的多才多艺，更感受到了高翻一家的活力与温情。

二是文创产品：首先组织部门内头脑风暴，随后听取老师建议、征集全院同学创意、组织各班文艺委员评审、遴选供应商制作，在学期末出炉详细最终文化创意产品方案。

这次晚会给她留下了极为深刻的印象，"当时整个部门加上我也只有三个人，人手并不充裕，所以组织同学排练、准备台前幕后的工作都是靠我们几个，包括主持人准备，还有后勤设施和颁奖礼品的准备。我们在有限的时间、有限的人手下想要办好这个晚会，是挺艰难的一件事。"罗雪萍坦陈，当天晚上办完之后，大家的微信里都是"很感动、很温暖、很开心"的朋友圈。可以用同学的一句话来说明它的意义，就是"两年高翻，一台晚会，一届回忆"，真的是融入了这一届每个高翻人的回忆之中。

勤奋与踏实的态度让她得到了师生认可，罗雪萍顺利当选本届高翻研会文艺部部长。

感恩于心 回报于行

"没有国家、学校、社会善心人士一路相助，就没有我的今天。"心怀感激，必以行动相报。罗雪萍坚持以自己所学的知识技能，应用于实践之中，在她看来，"帮助了他人又提升了自己，不亦乐乎？"

研究生入学以来，除了不时协助跟进落实担任国际部主管期间达成的国际（美国、英国、泰国、马来西亚等）合作交流项目，罗雪萍还常年在校外从事中英粤语口笔译实践：担任过 Danieli Fröhling（德国）的中国调试项目口译、VAMOS 干细胞治疗中心（马来西亚）会议口译，还志愿为美国国际贸易委员会（ITC）某庭审案件中的中国应诉方提供免费翻译服务，协助其与美国 Mayer Brown 律师事务所的庭审预备沟通（会议口译），为中国企业顺利"走出去"贡献绵薄之力。

艰难困苦，玉汝于成。"没有哪个人随随便便就能成功，贫者更当自强自立。"一方面，罗雪萍刻苦学习、全面发展，另一方面勤于实践、补贴家用，尤其是她要马上要担负起妹妹初三毕业之后的学费、生活费。"但更重要的是，我决不会辜负各界期望，我将争取早日成为栋梁之才，回报国家社会！"

编辑手记:发生在罗雪萍身上的是一个励志的故事,家境贫寒但不自怨自艾,在这种状况下反而练就了自觉力。在她看来,贫困并不算什么,没有志向才可怕。于她而言,贫富不在周身财产,而在于心灵是否得到滋润与满足。反哺至亲、回报社会,一路向前,罗雪萍已然是一个非常富有的人了。

渠萍:行者,从不停步

作者:渠萍　编辑:丁也凡　殷颖超

渠萍,北京外国语大学英语学院2014级本科生。曾获北京外国语大学“五四青年奖章。

古人云:“知行合一”“知易行难”。“知者”可贵,“行者”更可贵。“行者”,用行动诠释生活的意义,用行动抒写生命的美丽。

渠萍立志成为这样一名“行者”,在人生的道路上不断前进;无论前方有多大的阻碍,无论将会遭遇怎样的艰辛,都无畏前进。

行走在知识的海洋中

很多人都说,大学是人生中最轻松、最美好的一段时光,没有课业压力,享有无尽的自由和快乐。渠萍也曾对此深信不疑。然而当大学生活的画卷铺开,她却发现,在寻寻觅觅的尽头,并不总有“那人却在灯火阑珊处”的喜悦;更多的时候,是“梦里寻他千百度”,却只得见“犹抱琵琶半遮面”。

对渠萍而言,大一一年是充满酸甜苦辣的一年,有过忐忑纠结,有过痛哭流涕,也有过欣喜若狂。在不断的自我挣扎中,她猛然意识到大学对自己的意义所在:并非为一个特定的结果,而是为了心中的梦想,不犹豫、不后悔、不妥协地背起行囊,坚定地从这里起航。

于是渠萍开始行走在知识的海洋中。她拿起手中的笔,列出一个又一个学习计划,完成一本又一本练习题,阅读一篇又一篇晦涩难懂的文章,进行一次又一次小组讨论。于是有了课前的充分准备、无数页原版英文材料的阅读、课堂上参与讨论时的积极、课下耗时费力的论文写作……不同于高中“填鸭式”的学习模式,大学学习的自主性和复杂性让她第一次真正坚定了要做好学问的信念。虽然自认不是基础最好的学生,但渠萍一直耐心对待学习,刻苦付出,认真完成每一科作业,因此她的学习成绩也始终名列前茅。

积极参加校内活动

从大一开始,渠萍就在校团委办公室任职。一路走来,稳扎稳打,如今她已经从一名普通干事成长为独当一面的团办主任。经过三年的工作经验积累,她认为,做好团委工作最重要的有两点:细节、责任心。

在渠萍的感染和领导下,团委办公室已然成为一个团结紧密、井然有序的大家庭,其中每一位成员都尽心尽力地做好自己的本职工作。

不仅仅是团办,她手下的每一支队伍都透露着一股名将之风。在校辩场上叱咤风云的英院中文辩论队也是在她的带领下成立的。从无到有,这一段经历要更加曲折。

起初,她只是作为英语学院的代表参加中文辩论赛。那时英院并没有组织专业的训练,大家都是两手空空上战场。尽管在那次比赛中渠萍得到了"最佳辩手"的称号,但她对自己的表现不甚满意,"没有经过任何准备就去竞技和展示,是对赛场、观众以及学院的一种不尊重。"在这样的想法下,她一手创立了属于英院自己的中文辩论队,这支队伍首次出战就斩获了冠军,如今则更是成绩斐然。

渠萍努力在不同活动中汲取营养,在不同的领域里徜徉。那段忙碌而充实的时光,至今依然会让她为之感动。"大学就是这样一个平台,不尝试,你永远不知道自己有多大的潜能。"承办讲堂、值班开会、报账理财、拉赞助、辩论夜间讨论、舞蹈练习、起草企划案等等,这些都是她大学几年下来的实践经历。"很多时候也会忙到产生放弃的念头,可是我深知自己选择的道路。不管怎样,含着泪也要走下去,这不仅是一项任务,更是一份责任。"

投身志愿活动

自大二起,渠萍开始有意识地投身于各种各样的志愿服务项目。从杜克大学校长陪同翻译、国际田联澳大利亚组委会高级官员陪同翻译,到中美高校体育交流峰会志愿者,再到她现在正在做的“一带一路”峰会志愿者,渠萍在不同类型的职业和工作中展现着自己的才能,贡献着自己的力量。

“不出学校,我或许永远不知道自己可以做这么多帮助他人的事情。”在服务大众的同时,渠萍的各项能力也得到了坚实的锻炼。除此之外,在这个过程中,她还结识了一批优秀的志愿者。前辈们给出的经验让渠萍受益匪浅,成为了她前进路上的一盏盏明灯。“我们只有接触到更大的世界和更多优秀的人之后,才能发现自身的不足。”

“越是有底蕴的人越是谦逊。我也可以从他们身上学到很多相关行业的知识。当然,趁着这个机会,我也可以给他们讲中国的进步和中国哲学思想,和他们交流中华文化的独到之处。”作为一名语言专业的学生,渠萍希望能够在志愿服务中构建起一座中外文化交流的桥梁,尽自己的绵薄之力将源远流长的中华文明介绍给世界。

真实的社会

大三下学期,渠萍成为了德勤摩立特咨询部门的一名实习生。在那里,她第一次接触到了真实的社会,职场的残酷给予了她新的认知。

“要养成这样一个习惯:不管做什么事情都要认真,绝对不能松懈,也要更严格地要求自己。”尽管已经组织举办过无数校内活动,刚进入工作的渠萍仍常感到力不从心,写满成绩的学生工作履历在真实的职场里并不足为道,“上司不会看辉煌的过去,他只注重工作时的能力”。但她在过往工作中积累下来的好习惯最终帮助她迅速适应了职场的快节奏,出色地完成了各项任务。

在这个过程中,渠萍对为人处事的方法也有了更新更深刻的认识:要遵从不同环境里的规则,态度要谦逊,做事要严谨。在和上司、同事打交道的时候,很多问题必须要自己去揣摩、修正。“在一个全新的环境下,必须要调整好心态迎接职场和上司带来的挑战。”

“人都是要慢慢积累成长,很多事情才可以水到渠成。”多年来,对自己清醒的认知、明确的定位和多样丰富的人生经历帮助渠萍在不知不觉中将命运牢牢地抓在手里。她是所谓“水到渠成”的真实写照。

在时间安排方面，她始终相信：压力越大，效率越高。时间没有弹性，生产力却是有弹性的，且潜能无限。“正是因为学习时间比别人少一些，我会更加专注，更加看重时间。我经常会和我的干事说，学会主动‘揽事’，不要害怕尝试、主动去抓住机会。”

“不逼自己一把，怎么会知道自己的潜力有多大呢？毕竟青春是用来拼搏的”，渠萍说。她会继续背上行囊，在未来有限的时间里不断前行，期待遇到更好的自己。

编辑手记：梦想不会被现实磨灭，更不能因为路途艰辛就放弃。追寻梦想的过程或许是苦涩的，但只有经过磨砺的人生才会拥有更多内涵。“因为年少，我们很可能会失败，可也正是年轻给了我们勇往直前、永不言弃的资本。我相信只要我满怀激情、踏踏实实地走好脚下的路，胜利就在前方。”渠萍这段话非常鼓舞人。相信在不久的未来，等待着渠萍的，必将是更大的舞台。

孙韵:从外院到北外,“摇篮”中的梦想永生

作者:孙韵　编辑:李鑫　殷颖超

孙韵,北京外国语大学高级翻译学院2014级研究生,在校期间成绩优异,曾获研究生国奖。负责大创翻译公司项目,该项目入驻孵化器并获得3万元奖金;参加了很多志愿者和实习活动:参与第七届中日韩卫生部会议、“一带一路”新媒体合作论坛等大型会议活动的翻译及志愿服务;作为队长带队赴海南参与博鳌论坛2015年会议;在联合国开发计划署驻华代表处实习,担任中国企业海外可持续发展项目组翻译兼任项目助理。

从外院到北外

比起校园中的其他同学,孙韵与北外的缘分似乎并不长,但对它的感情仍然深厚。

孙韵本科毕业于外交学院国际经济与贸易专业,从外院到北外,不变的是一直身在“外交官的摇篮”。

孙韵打趣道:“都是外交官的摇篮,就不要分你我了吧!不过,说实在的,我的两所母校确实各有特色。”专业和学校的变化带给她的,除了考研时要加倍努力补习专业课之外,还有人文情怀、教学氛围、思维方式等方面的转变。

在外交学院,孙韵被一种放眼全球、心怀家国的情怀所感染;到了北外,我又投入到兼容并蓄、博学笃行的氛围之中。学经济,她养成一种重信息、严逻辑、权利弊的理性思维方式;学翻译,她又学会肯钻研、肯变通、肯创造的灵活交流方法。本科时,经济学的世界观让她学会广泛采集、辩证思考;到了研究生阶段,翻译学习让她在自身积累的基础上,学会钻研与创造。孙韵自觉十分幸运,在最恰当的

时候,走入合适的校园,遇到了杰出的师长和优秀的同学。

知道许多人心中有疑问,觉得翻译“不就是人说什么就翻什么吗,哪来的钻研与创造?”孙韵对这一看法也有自己的见解:每一字句的翻译背后都凝聚着大量的钻研。为了核实原文中的一个数据,翻译者可以翻找出20世纪80年代出版的农业气象学专著;为了准确表达一个专业概念,翻译者又要彻夜研读大部头的英文专著。对她而言,翻译绝不是简简单单地鹦鹉学舌、人云亦云,翻译技巧也不是微博热门里那一堆所谓的同传笔记符号。

翻译学习并不简单

“翻译要会说话,但切不可乱说话。”一名翻译可能在工作中遇到千百个不同学科、不同领域的话题,所以翻译更要会钻研、能钻研,快速积累各学科基本知识、了解各领域前沿研究、学习各专业地道英文,力争实现对原文的理解要接近、达到甚至超过作者的水平。

此外,孙韵介绍道,翻译还包含创造的过程。

“翻译不是机械的文字转换——那是google翻译的事。”孙韵认为,翻译本身就是一种再创造:“不能因为有原文在就否认翻译的创造性——从来就没有空穴来风的创造,纵观人类发展历史,创造本就是基于现实、服务于特定的历史需求的。世界的本质在于沟通,哲学的思考、科学的研究,追根究底是认识和变革人与人、人与自然之间的沟通方式。翻译以语言为工具,以最直接的方式参与到沟通过程之中。”

每一次翻译都基于原文的信息与意图,服务于特定的情形与受众,在沟通过程中不断认识和创造。“因此,在高翻,老师要求我们,作为译者要表达出作者清楚表达、希望表达甚至应该表达的意思。”

高翻教会孙韵的“钻研”与“创造”不仅仅适用于翻译。

今年春天,她进入联合国开发计划署实习,协助中国企业海外可持续发展议题的研究,为中国企业“走出去”提供支持。全新的领域、陌生的工作、重大的责任,无疑给孙韵以巨大的挑战。但经过了高翻的“魔鬼式训练”,她不再畏惧未知,反而充满信心与斗志。

秉持谦逊又开放的态度,以高翻人的精神刻苦钻研,学习相关知识;发挥语言特长与创造能力,灵活应对各种工作。虽然成果从表面看只能以物质形式呈现,但这些经历切实对孙韵产生了潜移默化的影响。

“我为自己的成长而感到骄傲,为得到上级认可而感到喜悦,为实践所学以贡献社会而感到满足。”

创业经历弥足珍贵

除了培养能力之外,北外也凭借外语特色为广大学子提供了丰富的实践机会。作为翻译专业的学生,通过北外的平台,孙韵有幸参与到许多高端会议活动。在今年3月的博鳌论坛,孙韵担任北外志愿者队伍的队长。除此之外,孙韵还得到一份意外“礼物”、一次前所未有的实践机会——创业。

当总理在2014年夏季达沃斯论坛上第一次发出“大众创业、万众创新”的口号时,孙韵关心的是这八个字应该怎么翻,从没想过会与之产生深切的关联。今年3月,学院老师找到孙韵,希望她负责创业项目,以高翻资源为基础发展翻译公司。

面对新的挑战,孙韵依靠的依然是高翻教给她的钻研与创造。

“没创过业、没接触过翻译公司、没有跟客户直接沟通的经验、没有推销宣传的经验?只要肯钻研、肯学习,这些问题都可以一一解决。”在业务压力的推动与创业目标的驱动下,孙韵很快地学着建立创业团队、设计公司治理构架、制定愿景与目标、发展和维护客户关系、招募与维护译员资源、安排反馈应急机制等等。

“我们要以面向未来的可持续发展视角去思考、去创造。”通过团队的共同努力,孙韵从无到有,创造起一份小小的事业,为全校许多院系的外语专业同学创造了良好的实践平台,为市场为学校创造了一份价值,也为项目内每一位参与者创造了绝佳的锻炼机会。

孙韵谈到这里有些感激,她坦言创业项目的成功也离不开学校的关心和支持。“我们最初起家的客户资源就是多语言服务中心协助对接的,在我们发展多语种翻译服务的过程中,多语中心也给予了很多及时有效的帮助。在学校和老师的支持和鼓励下,我们项目参加了今年6月的北京高校优秀创业团队评审,有幸通过了评审答辩,成功入驻北外大创孵化园,并获得3万元的资金支持。”虽然项目成立的时间不算长,仍有许多值得完善的地方,但这个团队现在已经有了面向未来的发展眼光和策略,有来自学校各级的慷慨支持,还有一群肯钻研、敢创造的神队友,具备“天时、地利、人和”,孙韵对未来充满了信心。“相信今后、即使我离开校园暂别团队,它也能发展得越来越好。”

半年后,孙韵行将毕业,对她来说,这次不是暂别,而是“彻底地离开校园了”。“刚入学时,就有老师告诉过我们:翻译态度不能妥协,不是谁比谁好,是你够不够好。那是绝对的……人生未必全是妥协,能留下一些绝对,是我们的福分。”

编辑手记:孙韵即将毕业,这是孙韵学生生涯的终点,但也是她作为社会一员的起点。从学校到社会,环境会变、伙伴会变、每天所做的事会变,她也需要做出许多改变去适应外界变化。变化必然永存,但在诸多变化中也会有一些不变的存在。北外教给她的钻研与创造,便是会一生保留的绝对。

单志斌:我只愿蓬勃生活在此时此刻

作者:单志斌　编辑:王云芃　殷颖超

单志斌,曾担任法语系团学联学习部部长。他的成绩名列前茅,素有法语系“学神”之称,还是第四届京津高校法语电影配音大赛的二等奖得主。作为法语系“朋辈辅导”项目的主要负责人之一,他耐心、细致,主动为学弟学妹提供帮助,被大家赞为“暖萌学长”。

人不能给自己关门

“刚入校时,就听说我们的朋辈导师堪称山东学霸的代言人,心里还有点紧张,担心学长气场强大不好沟通。”单志斌的朋辈新生组员说:“见面后才发现,学长相当温和亲切,而且他大学四年的经历非常丰富,无论学习、工作、心理调节还是人生规划,学长都能根据他的亲身经历,给我们特别实在、有用的建议。”

面对这些赞誉,单志斌腼腆地笑了:“‘山东学霸’有点夸大地域色彩了吧!”作为法语系“朋辈辅导”项目的负责人之一,单志斌在辅导员老师的指导下,和另外两位大四负责人一起带领二十余人的导师团队,与大一新生组成固定的朋辈辅导小组,为他们提供学业、心理、大学规划等方面的辅导和帮助;同时,他自己也担任了7位大一新生的导师,除了组织法语纠音辅导、考前针对答疑等活动之外,还常常与任课老师沟通,了解新生的学习情况和心理状态,默默给予其帮助与关怀。组织朋辈导师定期开会讨论、张罗新生组员们聚餐交流……随着朋辈项目逐渐步入正轨,单志斌俨然已适应了这个新身份——“单学长”。

“大学里评价一个人的标准是多元化的,每个机会都很宝贵。”单志斌乐于尝试,他力求在收获体验的同时,挖掘自己的能力。担任党支部书记的单志斌,还成为了法语系学生党代表。临近党代会，单志斌和其他学生党代表一起，提出了代表学生切身利益的提案。"不能辜负组织对我的信任，做党代表就要反映好同学们的需求。"

勇气就是优雅地面对压力

在单志斌看来，担任学生干部不仅是阅历的增加，更让他拥有了面对生活、应对压力的心灵力量。升入大二时，他成为了法语系学习部部长。此时正面临专业学习的关键时期，单志斌又选修了专用英语课，时间表一下子拥挤了许多，他丝毫不敢含糊。在学习之余，他还要负责协调部门工作、处理琐碎事务。一时间，压抑感席卷而来，单志斌一向平稳的心秤也有些失衡，"那时候整个人都有点被负能量左右了。"

直到现在，回想起组织法语系配音大赛的经历，单志斌依然感觉历历在目。大一参加配音大赛时，他曾遇到过现场音响出问题、选手质疑成绩等意外状况；而此时作为学习部部长，他要全权负责这次涉及京内 8 所高校的配音大赛的筹备工作，压力空前巨大。大赛举办前一个多月，单志斌的脑海中总是不断闪现场面失控的各种可能。"当时总是处于一种浮躁的状态，心情非常烦闷，但根本也做不了什么。幸好有大家的安慰和支持，才慢慢找回状态。"他回忆说，"后来我慢慢发现，其实有时候是自己担心的太多，放轻松、静下心，做好应该做的事，一切都会水到渠成。"

如今，单志斌已经习惯了多线程处理工作和生活，"常常是正准备看几页书，一个电话打过来，先放着不做吧，心里又总是琢磨，还不如当下立断。其实只要集中精力，处理问题并没有想象的复杂。压力面前不能逃避，从容应对、逐个击破，才能提高自己的效率，更好地学习和生活。"

我只愿蓬勃生活在此时此刻

在朋辈活动中，单志斌了解到，一些新生选择法语系并非自愿，开学刚刚接触法语，产生了强烈的不适应感，有的同学甚至充满怨言。作为过来人，单志斌耐心地劝导学弟学妹们："坦言说，法语也不是我当初的首选。刚开始我同样有过不适应，但我告诉自己，既然选择了，与其思前想后，不如静下心来，投入时间和精力，去感受、亲近这门语言，也正是这些点滴的积累渐渐帮我找到了感觉。"为了更准确地理解课堂听力材料，他会自己提前了解各国新闻，既养成了听听力的好习惯，又开阔了眼界，同时他还惊喜地发现自己逐渐找到了法语的语感。"既然选择了前方，便只顾风雨兼程"，这句话放在单志斌身上再合适不过。"退缩永远不能解决问题，唯有积极地从眼前事做起，才能在前进时充满力量。"

大学里，单志斌也曾面临各种各样的选择。"有时挺难选的。比如我大二的时候，想出国交换一年长见识、练口语，又舍不得大三高质量的专业课。不过静下心来想想，既然怎么选都有得有失，那就给纠结定个期限，选好了就不再多想；剩下的，就是安心过好现在的日子，耐心等待自己选择的未来变成现实。而事实证明，我的选择还是挺正确的。"单志斌的笑容里透露出一股自信。

如今，单志斌已经顺利保研至法语系语言学方向。当被问到未来的规划时，他说自己早在大三时就有了出国读博深造的打算，而且一直也在朝这个方向努力。《黄金时代》中有这样一句话："我只愿蓬勃生活在此时此刻"，单志斌用他不慌不忙而又脚踏实地的态度，不刻意缅怀过去，不肆意幻想未来，积极活在当下，这就是属于他的人生。

编辑手记：一个率真的山东大男孩，在北外寻得了属于自己的路。他目标清晰，步履坚定，就像偌大园林里一颗年轻的树，在日光的照映下熠熠生辉。重要的是，山河岁月，他终有一日将要蓬勃参天，撑起一片属于自己的森林。

王聪颖:人生需要归零

作者:王聪颖 编辑:丁也凡 努尔夏提

王聪颖,男,国家运动员。北京外国语大学国际关系学院 2011 级本科生。曾担任北京外国语大学游泳队队员、艺术团团长。曾获全国大学生游泳锦标赛冠军。曾获校二等奖学金、“北京市三好学生”等荣誉。

放下过去,归零出发

13 岁时,王聪颖获选进入国家游泳队。七年的职业运动员生涯、日常的高强度训练、赛场上的拼搏奋斗,这些不仅让他拥有了专业的游泳技能,更养成了他独立自主、刚毅坚韧的品格。

随着年龄的不断增长,渐渐地,他开始渴望走向不同的世界,去体会多样的人生,游泳池的一方天地框住了他眼中的世界,对知识、对学习的向往促使他最终做出了退役的艰难决定。“恰同学少年,风华正茂”,王聪颖的心中始终有一个校园梦,“我憧憬学校的生活,想换一种活法。”于是,过去的光辉成绩化归为零,站在北外这个新起点上,王聪颖重新出发。

荣誉背后是成倍的努力

初入北外,王聪颖经过了一段艰难的适应过程。截然不同的生活环境、艰难生涩的专业课程让他一时无所适从,如何与同学们友好相处也一度成为他反复思索的难题。幸而,在老师和同学的帮助下,他很快凭借自身的能力找到了位置和方向。

谈及这段时光,王聪颖的目光中透露出无限真诚:“我很感恩。”感恩北外师生对他的帮助和关心,感恩曾经的运动员经历让他学会坚持。事实上,刚开始面临的这些问题最终都相对轻松地得到了化解,对于王聪颖来说,更为严峻的考验在于如何平衡好学习、训练和比赛。

作为国家前游泳运动员,王聪颖当仁不让地承担起了北外游泳队的主要比赛任务,也因此常常出现专业课程与游泳训练相冲突、相挤压的情况。据他回忆,大三时,全国大学生游泳锦标赛迫在眉睫,由于专业课压力大,时间有冲突,只好将训练安排在晚上。“每晚 8 点左右完成高强度训练,回到宿舍没一点儿精神”,只好先睡上一小时,再强撑着起来完成专业课作业。体育运动消耗大量的体力,虽然每天的训练时间只有 2 小时,但是训练之后的身体疲惫状态想要得到正常恢复却往往需要多达几倍的时间。

忆及那段异常辛苦的日子,王聪颖并没有丝毫抱怨,“这是身为高水平运动员所应当肩负的责任和义务。”在他心中,始终以北外为荣,他也非常乐意为学校贡献出自己的一份力量。正是因为有这样良好的心态,加之对学习的认真态度、对自己的严格要求以及课下比别人多付出几倍的努力,王聪颖拿到了校二等奖学金,并获得了“北京市三好学生”等荣誉。而在这些荣誉的背后,是他不悔的坚持和默默的付出。

执着所爱,成就不一样的自己

学习之余,王聪颖活跃于学校的各类社团。他进社团的初衷是想要锻炼自己的能力,培养和完善自己的处世方式,开阔视野,广交朋友。

大四时,王聪颖选择继续留在校艺术团并担任团长一职,主要工作是负责文化艺术交流与演出。许多人感到诧异:行将毕业,大家都万分珍惜为数不多的清闲日子,该吃吃、该玩玩,可他最后的大学时光竟仍旧留给工作。对于周围人的不解,王聪颖大多时候只是付之一笑。因为只有他自己知道,这里见证着他多少的付出与荣誉,承载着他多少的回忆与不舍。他希望尽自己最后一份力量为热爱的团队服务,直到不得不离开。

艺术团的舞蹈《五洲欢腾》拿到一等奖,并被选为清华展演闭幕式的出场节目，王聪颖比谁都高兴。他热爱这个“见证了自己成长的集体”之中的每一个人，他希望能做一些自己喜欢的事情，他相信所做的每一件事都是有意义的。“社团活动的成就可能会渐渐变成过眼云烟，但是在那个过程中结识的人，却成就了现在的你。”王聪颖之所以能取得现在的成绩，正是由于他这份执着和热爱，还有他勇敢追求理想的无惧心声。

在生活中，性格开朗乐观的王聪颖也有很多好朋友。朋友在他的心目中占据着很重要的位置，无论是在国家队曾同他一起训练、同吃同住的队友和教练，还是在学校志趣相投、惺惺相惜的同学和知识渊博、和蔼可亲的师长，他都视若珍宝。

“待人真诚坦率，乐于帮助别人，团队意识强，有责任心”——这是认识他的同学及老师给予他的一致评价。

未来充满无限可能

“我的愿望就是纠正某些人的偏见，证明运动员不单单是四肢发达。”大三时，王聪颖参加了中国教育电视台全国大学生大型益智节目《天才知道》，这句话便是他当时的作战宣言。

在这次比赛中，王聪颖用实力证明了强健体魄与过人智慧的兼容性，也让大家看到了他的人生在“归零”之后的新发展、新可能。

谈及过往，他说：“其实我只是北外一名普通的大学生。”

但他的未来，充满无限可能。

编辑手记：并不是所有人都有勇气去改变一条已经写好的人生轨迹，在一条未知的路上笃行，直面风险与挑战。王聪颖却恰恰无所畏惧，他不曾因运动员的辉煌成绩而自满，也不曾因暂时的迷茫艰涩而退缩，他奋发图强、厚积薄发，经历了一段多彩的青春。从他身上我们可以看到：扔掉过去的包袱，时时刷新自己，才能轻装上阵，收获精彩人生。

王戴巍：念念不忘　必有回响

作者：王戴巍　编辑：李鑫　努尔夏提

王戴巍，北京外国语大学2013级俄语学院本科生，在校期间曾担任北外爱心社宣传部部长、北外就业创业中心党员志愿岗、北京多语言服务中心坐席志愿者、AIESEC海外志愿者、中国社会科学院城市与竞争力研究中心研究助理、新东方在线小语种教研员、中国日报网中俄项目实习生，获得过校三等奖学金、校二等奖学金，并成为中国社科院城市竞争力研究中心优秀实习生。

始于热爱

来自江苏的王戴巍在高中阶段学的是理科课程，选择来北外，是源于对英语的热爱。

高一时，因为一次偶然的机会，"北外"这颗种子在她心里扎下了根。由于填志愿时，王戴巍以为外语都差不多，所以毅然报名了提前批次，从此走上了小语种中的大语种——俄语学习之路。她学习英语的愿望没能延续下去，但也因此迎来了她的新生活。

大二前，除了社团活动以外，王戴巍几乎把所有的时间都分配给了学习。

刚上大学时的她不爱说话，俄语入门又比较难，学习过程于她而言较为坎坷，其间，王戴巍花了三个月的时间才学会大舌音，她笑称："现在还能依稀记得当时的激动心情，经常被朋友调侃l、n不分的我也是能发出大舌音的啊。"

大学的第一个阶段经历了许多纠结和不安。俄语学习让王戴巍见识到了外语的"威力"，内敛的性格也着实给她的学习之路增添了许多苦涩。难过的时候，王戴巍甚至想过当初为什么不听父母的劝去学个金融。

“自己选的路跪着也要走完。”抱着日后就算无法学有所成也得有个退路的想法，大二时，王戴巍开始辅修经济学。

念念不忘

到了大三，一切开始步入正轨。

“最要感谢的是身边的室友、朋友和老师，他们给予了我很多鼓励。”王戴巍有些庆幸，她觉得俄语属于越学越简单的语种，“学着学着比当初学英语还要喜欢。”

在学习中，王戴巍因为一部电影爱上了泰语，不过在学习了一年之后，发现“真爱还是俄语”。

而当初作为“退路”的经济也只学到辅修就放弃了，经济学给王戴巍的课余生活带来了许多充实与满足，但那种学而不精的状态让她有些疲倦。

大三这一年，王戴巍没有选择出国，在课余时间，她加入了就业创业中心党员志愿岗的队伍。在这里，王戴巍认识了许多亲切的老师、优秀的学姐、友爱的同学，也懂得了许多道理。与此同时，多语言服务中心的志愿者经历也给她带来了很多收获，于她而言，最重要的一点是和外国人交流时更加淡定从容了。慢慢地，王戴巍感受到了俄语学习给她带来的快乐和成就感。

终有回响

读研是很早就做出的决定。但这条路走得却不平坦，从一开始，王戴巍觉得自己无法将俄语学精，但不能放弃，所以要读研，到后来变得喜欢学俄语了，但却因为学得还不够好，才更要读研。

她不知道这种心态的转变起到了什么具体作用，但她知道自己读研的想法是愈发坚定了。大四上学期，通过保研考试后，王戴巍开始准备莫斯科志愿者项目。

大三时没有选择出国，这给她留下了或多或少的遗憾，读研究生后，她决定利用寒假去一趟莫斯科。

就这样王戴巍一个人提着行李箱，去莫斯科体验了一番零下 20 摄氏度的严冬生活。

在那40天的时间里，这个曾经并不喜欢俄语的女孩儿一个人走过了莫斯科大大小小的景点、博物馆、街头巷尾，与寄宿家庭一天天的相处让她对这个民族有了耳目一新的认识。

“这是一个矛盾的民族，这是一个充满魅力的民族。她的内涵远远不是40天抑或两年就能看透的。”在这里，王戴巍更加清晰地看到了所学专业及其背后的故事，也看清了自己的许多不足。前路漫漫，其修远兮。

大学四年，平凡而普通，唯一的不平凡就是陪伴王戴巍一起走过的老师同学，还有她始于热爱的决心，它们像精灵一般为她打开了一扇又一扇大门，温暖的阳光进来，照着她更加坚定的脚步。

编辑手记：“误打误撞”来了所学专业，是不少学生经历过的事情，有人在这场阴差阳错中发现了自己真正的喜好，有人却悔恨不已，淡忘眼前功课。王戴巍的求学之路始于热爱，虽然这种选择在一开始给了她不小的打击，但她仍然坚持下去，“自己选择的路，跪着也要走完”，将热爱坚持到底后，会发现，“念念不忘，终有回响”。

吴倩:博学好思,知行敢做

作者:吴倩　编辑:李鑫　努尔夏提

吴倩,北京外国语大学亚非学院老挝语 2013 级本科生,在校期间担任院系主席团秘书、院系团总支副书记、商务部外国官员代表团翻译,曾在西门子传播部实习,获得过校三好学生、校一等奖学金、校优秀学生干部。

博学好思,学业为本

"我始终牢记:学习是学生的第一要务。"虽然学生工作较为繁忙,但吴倩首先会保证自己的学业不受影响。在老师的指导和自己的探索下,她逐渐总结出自己的一套语言学习方法,通过听说读写四方面的全面配合,四年下来,老挝语学习从刚开始的零基础,到现在已经取得了质的飞跃。

相比起其他语言,老挝语的学习要相对艰难。

老挝是一个各方面资料比较匮乏的国家,在进行语言学习的同时,吴倩还收集了老挝各方面的资料,建立自己的资料库,不仅丰富了语言学习的途径,还对老挝有了更深入的了解。

在陆蕴联和李小元两位老师的指导下,吴倩作为负责人与另外三位同学成立研究小组参加了大学生创新项目,对老挝金融行业的小额信贷进行调查研究。她将项目主要分成了两个方面来完成,老挝实地调查和国内资料搜集,小组共同设计问卷并在老挝当地进行田野调查。

"现在整个项目已经取得了初步成效,我个人在项目的进行中也学习了很多经验,清楚并实践项目的步骤设计,统筹规划项目的各部分实施和具体细节,了解数据统计和处理,拓展了个人事业也为之后的学科研究打下了坚实的基础。"

因成绩出色,吴倩曾多次代表学院协助商务部接待老挝代表团,陪同代表团对中国大连进行友好访问和交流。与老挝官员热情友好地交谈中,她实践运用了自己的专业知识,同时还更加深入了解老挝的民风民俗,通过这一次次经历,吴倩也更加确定了自己要成为中老沟通的桥梁的伟大目标,并为之努力奋斗。

知行敢做,实践中获得真理

大二期间,吴倩担任亚非学院团学联主席团秘书一职,主要负责学院学生经费报销和记账工作,一年下来学生经费进出超过 3 万元。她尽职尽责,认真负责,每一笔账都有详细记录,以致工作一年没有一笔款项有出入,钱款如数到达同学手中,账目清楚明了,受到学院老师的称赞。

在两年一度的亚非文化巡礼期间,吴倩作为主席团成员和各部门密切配合,圆满举办了这一学生盛会。在大三期间,她又担任院团总支副书记。分管团学联各部门,协助辅导员工作,在院里组织和参与校团委各项活动。在团学联的两年,她参与了学院大大小小的活动,收获了无数宝贵经验,在服务同学的同时也提升了自己。

大三暑假开始,吴倩利用课余时间参加课外实习,曾在滴滴出行和西门子担任实习生。在公司的实习,让吴倩初步接触到与学校大相径庭的社会氛围,在工作岗位上,任务的完成不仅仅是对自己负责,而需要为一个团队甚至一个部门负责。通过体验不同公司的氛围和工作领域,吴倩明确了自己的职业发展方向,而在实习中累积的经验和工作方法与见解,也让她在大四的应聘面试中脱颖而出,在大四伊始,她便通过了层层选拔,有幸拿到华为、厦门航空、新加坡 Shopee 的录取信。

百川东到海,学业终有成

大学期间吴倩明确了自己的奋斗方向,取得了较大进步,但是大学的学习和生活所能给她的经历和能力提升是有限的。

“作为当代大学生,我们应该意识到,社会才是我们真正的战场,才是我们奋斗打拼的圣土。同时我们还需要提高自己的格局，不仅仅顾自己的小家，更要胸怀天下，时时牢记为了建设祖国更美好的明天而贡献力量。”然而学无止境，面对社会这所没有围墙的大学，吴倩觉得自己需要不断地与时俱进，为自己投资、不断充电。更要认清局势，分析并结合自身特点，扬长避短，充分发挥自己的优势，正视和克服自己的不足，争取在激烈的社会竞争中不断取得进步和成功。

“我由衷感谢北外给了自己一个提升自我，施展才华的舞台，感谢所有老师们不辞辛劳、尽心尽力地给予专业和生活上的支持和帮助，无私浇灌着我们这些祖国的花朵，让我们茁壮成长。我更将不负使命，为成为建设祖国的全面复合型人才而努力。”

大学是一个磨练和蜕变的过程，而北外是一所特别的大学，课内专业的学习和课外形式多样的活动可以让一个人的气质、举止谈吐得到提升，四年匆匆而逝，在毕业之际，吴倩付出的努力让她有信心说自己是一名合格的“北外人”。大学毕业绝不是终点，而恰是她人生扬帆起航的新起点。

编辑手记：吴倩每件事情做必做好的态度使她能脱颖而出，无论是在社团竞选，还是在职场求职，她都能大放异彩。这种态度也将永远伴随她，见证她的精彩历程。

姚颖:不同角度观世界

作者:姚颖　编辑:李鑫　努尔夏提

姚颖,北京外国语大学国际组织项目班2016届硕士毕业生,目前在生态环境部对外合作与交流中心。2014年9月,获国家公派留学资格赴英国伦敦大学学院学习发展管理与规划;曾获研究生国家奖学金、校三好学生等奖励。在校期间曾担任中非合作论坛语言志愿者、校就业指导中心党员志愿者;已出版三本译作,并在北京市外事办公室、联合国与国际组织研究中心、国际河流中国项目实习。

对姚颖来说,不同的经历造就了她别样丰富的人生,不同的选择也就是以不同的角度开阔视野,审视这个世界。

进入北外,初识不同角度的世界

在思考毕业论文致谢时,姚颖突然意识到,她18岁以后的日子竟然都是在北外度过的。

七年来,北外变了许多,有了新的图书馆、新的综合楼、新的荷花池。在新旧交替中,姚颖也收获了许多,新的知识、新的经历、新的朋友。

她坦言,在这段珍贵的成长经历当中,北外教给她的事情数不胜数,但如果要她选一件最重要的,她会选择看到不同角度的不同世界。

姚颖第一次"开眼看世界"是在大一刚开学的课堂上,老师让同学们画下印象中的世界地图。高中学习理科的她脑中一片空白,只记得不知哪里看过的一笔画世界地图,然后有样学样地画下了七个三角形,摆在各个大洲的大概位置。

反观其他同学,他们不但画出了不同版本的世界地图,还跟老师讨论为什么不同国家的人眼中会有不同版本。那是她第一次知道原来世界地图还有不同版本。

也就是这次经历，让姚颖产生了一种要认识这个世界的想法。

飞越国境，发现不同角度的中国

不同的不只是地图，而是整个世界。

在研究生院国际组织项目的支持下，姚颖有幸得到了去伦敦留学的机会，看到了普通外国人眼中的中国人。

“尽管我们长期将自己定位为最大的发展中国家，我的拉美朋友们都觉得中国是发达世界的一员。”姚颖在国外收获了不同经历，在埃塞俄比亚，任何亚裔女生走在街上都有人投来好奇的目光，还会有人来聊天、拍照。

姚颖笑笑，说：“我猜可能是因为他们之前只见过前来援建的中国男性。”

“我的伦敦同学在我和日本朋友聊天时，讶异地问我们为什么讲英语，因为他觉得中文和日文是两种可以互通的语言……跨文化交流中的文化冲击的背后正是不同角度下的不同世界。”

走出校门，探索不同角度的人生

对于不同角度的探索是世界观发展的过程，也是人生发展的过程。对学子来说，北外是一个宽广的平台，能提供许多尝试的机会。

在模拟联合国大会气候谈判中担任过新加坡代表的经历，不但让姚颖了解了新加坡在气候议题上的观点，也让她开始关注环境议题。

在留学期间，姚颖接触到了经济发展、社会发展与环境保护关系的相关内容，回国后也得到了环境与发展行业的实习，为就业打下了基础。

实习项目的主题是水电开发，同样是不同角度不同世界的故事。水电对政府而言是减贫创收，对当地居民可能是拆迁带来的生计忧虑，对生物保护学家来说则可能是对濒危动植物的极力挽留。尝试不同事物并从经历中学习正是对不同角度的探索，也是让人打开自己新世界的机会。

在姚颖看来，大到国际关系，小到人际交往，了解“不同角度，不同世界”是成功沟通的核心,也是做出选择的关键。“从北外走出去的学生多少都会听到‘来,帮我翻译点东西,对你来说很容易’这样的话,讲这些话的人大多不了解简单的译文背后译者付出的心力。在截止日期前一天晚上要求老师帮忙看论文,看似是高效利用了我们的时间,实际上是占用了老师的休息时间。”

北外是一个多元化的大学,身居其间的学子们学着理解不同、包容不同,亲身实践着“兼容并蓄,博学笃行”的校训。姚颖坦言,在这样的环境中成长其实也是一种幸运。

编辑手记:不墨守成规,不偏执己见。姚颖的人生态度可以用这一句话来概括,不同角度看世界,也就是避免盲人摸象似的了解。相比其丰富的经历,她的这种探索与发掘态度才是更值得我们学习的。

伊人:简单、真实就是我的特点

作者:伊人　编辑:丁也凡　努尔夏提

伊人,北京外国语大学英语学院2014级本科生。曾任英语学院学生会主席。“北外青年五四奖章”获得者。曾获亿阳学业奖学金、龙江银行学业奖学金等荣誉。

蒹葭苍苍,白露为霜。所谓伊人,在水一方。

清新、温婉、高挑、平易近人,这是伊人带给人的第一印象。淡淡的妆容、微微扬起的嘴角,与她共处,让人即使在北京最炎热的月份也能感到几分迎面而来的清凉舒适。

她开口,将一路成长娓娓道来。

国交这几年

高三下半学期,伊人有幸获得了学校的保送名额,并最终考取了北京外国语大学,开始了在英语学院的四年时光。由于高中有学生工作的经历,再加上个人兴趣所在,伊人刚一进校就兴致勃勃地申请加入了北外学生会的国际交流部。她希望能够充分地利用好北外良好的对外沟通平台,提高自己外向化的人才素养,成为一名合格的社会主义接班人。

最初进入国际交流部的时候,伊人面临着许多困惑和不安,毕竟大学与高中完全不一样,需要培养出自己强大的独立人格和综合能力,也要敢于面对各类激烈的竞争。但通过慢慢地学习和不断的努力,伊人逐渐融入进国交部这个大家庭,进而开始在一些活动中担任工作负责人,并能够独当一面、不出差错。大一一年的磨炼让她受益匪浅,也让她深深地爱上了这个部门,于是她毅然决然地报名留任部长团,并最终凭借平时的积极表现和面试的良好发挥通过了筛选,成为了国交部新的负责人。

然而,国交部部长的工作实际上远比伊人想象的更为复杂。在最初上任的一段时间里,伊人没能协调好工作与学习之间的关系,在工作中又总是出现很多缺乏经验、考虑不周的情况,诸事不顺,她面临着巨大的压力。幸而在老师、同学和家人的帮助下,她渐渐克服了这些困难,越来越熟练地完成任务,工作也渐渐走上了正轨。在这一年里,伊人和其他四位副部长一起,齐心协力、分工合作,很好地将传统的部门活动进行下来,比如为北外中外学生搭建的语伴文化交流平台,中西结合的万圣节派对,促进同学关系、提升校园凝聚力的圣诞节送温暖活动,响应习主席号召而即时发起的“三走”全民健身活动等等。在举办这些活动的时候,她们不仅仅只是照搬套用过去的活动模式,同时也创新加入了一些新元素,为活动注入了新活力,给北外校园带来了一种新的生机。

英院学生会主席之路

“如果你认为自己是一个能够正确使用权力的人,当一份权力到了你的手边而你没有接受,这份权力就可能被其他人滥用。”英辩老师这一句无心的话,却让伊人思绪万千。本无意担任英院学生会主席一职的她,在与鞠丹老师的一番深刻交流之后,深思熟虑,最终决定出任。

因为有着担任校学生会国际交流部部长的经验,老师与上届部长对伊人都十分信任。但是她自己却始终担心成员们会不接受她,担心不熟悉团学联的新环境。这更像是一份突如其来的沉重压力,加之大三时专业课的难度增加,在刚成为主席的一两个月里,伊人常常心情低落。直至与院学生会成员们渐渐熟悉、对团学联事务逐渐得心应手,她的生活才终于重新步上了正轨。

在成为主席后,伊人对这个职务有了新的定位:“做主席,最重要的就是细心。”她严格规定学生会请假条例,规范上交文件的格式,并借鉴校会经验完善院会的财务报备;她跟进院会的每一项活动,凭借自己的经验,在策划期及时给部长们提出意见,防微杜渐;她追求创新,事先向大家征集活动意见,减少不必要的活动消耗,提高同学们参与活动的积极性。

与崇尚“严厉”的主席不同,伊人更习惯以“柔”进行管理。她擅长交际,总能找到合适的方法与成员们沟通。“我不希望他们叫我学姐,我更愿意和大家打成一片,这样有什么困难的地方他们都会愿意和我说。”正因如此,老师和同学们都十分乐意与她相处共事。

生活被填满的快乐

尽管课业繁重,伊人仍然保持着许多爱好,唱歌跳舞都不在话下,读书更是让她痴迷。她把 Kindle 和书本时常带在身边,甚至于有时走在路上,都会不自觉地拿出书来阅读。大二时,她报名进入 AmazCrew 街舞班学习爵士舞;大三时,她在北外爱乐协会报名学习吉他;又在社团春招时进入了合唱团,完成了她大学以来的一个心愿。“每次看到合唱团举行专场都很羡慕,终于自己也成为了其中的一员。”

伊人总是习惯将自己的生活填得满满的。大一、大二时,她把自己的课余时间全部贡献给了国际交流部,有时甚至只能在熄灯之后再进行一天学习内容的复习。大二暑假,她更是接了许多份兼职,“别人都是闲了一个假期,开学之后开始紧张起来;我是紧张了一个假期,开学之后累得不行。”进入大三,多出来的几门院系限选课和院会主席的职务已经让她的生活十分紧张,但她仍选择加入了三个兴趣社团。对此,伊人笑言:“我曾经担心过,但是现在我很开心。”

“把中华文化翻译给整个世界”

“可能我比较喜欢安静吧,所以不太喜欢比赛。”这是伊人对自己的评价。她喜欢亲身经历不同文化之间的碰撞,与他人进行密切的交流,去感受最真实的生活——这也是她两次选择做 AIESEC 志愿者的原因。大二寒假的巴厘岛之旅让她近距离感受到印尼的淳朴民风与独特的宗教信仰;在浙江与外国学生合作教授英语的经历让她深刻地理解到维护人与人之间的信任与平等的重要性。当一个人没有深入了解一种文化的时候,往往都是带着偏见的,“只有亲身经历过了,才能真正地了解世界,用最真诚的心,去善待每一个人。”

谈及未来,伊人希望成为一名研究者或者大学老师。随着对翻译的深入了解，她越来越对这门专业充满热爱。其中，《国粹文化英译》这一门课更是让她深刻地认识到中华文化的博大精深，这也为她未来的职业构想奠定了基础。“如果我成为一名研究员，我一定会选择翻译方向。中华文化古老、深刻，有些词在英语里没有对应的词汇。无论是翻译中医药，还是针灸，我都希望我能把中华文化翻译给整个世界。”

编辑手记：“把中华文化翻译给整个世界”是伊人的梦想，这个纯真温柔的姑娘身上有着不同于一般人的坚韧沉着。无论是在国交，还是在英院学生会，伊人的领导才能毋庸置疑，她“柔”，却不“软”，处理起事情来井井有条。周旋于忙碌的学习生活和繁杂的社团活动中，她却能够笑着说出“我很快乐”。伊人，她和她的名字一样美。

袁梦琪：上善若水，利万物而不争

作者：袁梦琪 编辑：李鑫 努尔夏提

袁梦琪，北京外国语大学英语学院翻译专业2013级本科生，在校期间曾到美国哥伦比亚大学巴纳德学院进行交换，并先后在外研社、中国日报社实习，曾获得全国大学生英语竞赛三等奖、路桥二等奖学金、龙江银行奖学金，北京外国语大学优秀团员、三好学生、优秀学生干部荣誉称号。

老子有云："上善若水，水善利万物而不争。"袁梦琪的愿望，就是像水一样追求人生理想。在步入北京外国语大学之后，她也一直坚守并践行着这一信念，磨练自我，回馈社会。

滴水穿石，逆水行舟

北京外国语大学是外交官的摇篮，是语言的殿堂。身为翻译系学子，袁梦琪自入校以来就深知"积累"二字对于学业和未来实践的重要意义。

"逆水行舟、不进则退"，只有不断为自己知识的"金字塔"增砖添瓦，才能在激烈的竞争中立于不败之地。这份信念使她能一直保持端正的学习态度，有条不紊地执行学习计划，也助她赢得了一张张出色的成绩单和来自老师、家长、同学的赞誉。

入校以来，袁梦琪的专业成绩排名一直保持在年级前列。在2013—2014学年和2014—2015学年，袁梦琪分别获得了龙江银行奖学金和校三等奖学金，并赢得了校三好学生的荣誉称号。虽然已经取多了诸多荣誉，然而她相信自己仍有上升空间，必须下更大的功夫磨砺。

大三学年，袁梦琪更加注重日常积累，主动寻求校内外各种资源提升能力，力求在日复一日的练习中臻于完美。不论是图书馆的研读间、寝室门前的小花园，还是与外宾同游的秦皇陵、紫禁城，都留下了她日益进步的足迹。

大三下学期，袁梦琪有幸前往美国哥伦比亚大学巴纳德学院度过了为期4个月的交换生活。在这所美国著名高等学府中，她特意走进中国历史的课堂里，用全新的视角去学习历史，聆听外国学生对于中华文化的见解和疑问，深刻体会到了语言及视角转换所带来的影响。同时，她还选择了研习经济史来弥补自己的知识短板，并对经济全球化的进程有了更系统的认知。

皇天不负有心人，在2015—2016学年，袁梦琪取得了专业排名第四、综合排名第三的成绩，收获路桥二等奖学金，并顺利取得保研资格，成功考取北京外国语大学高翻学院英语口译专业，圆了自己的高翻梦。保研后，她也未曾懈怠，利用充足的时间和精力复习专八、撰写毕业论文，最终均获“优秀”，为大学生涯画上了圆满句号。

“滴水穿石绝非一日之功，我仍会秉承着恒心与毅力，在追求语言纯熟的道路上不断前行。”对于自己的成绩，袁梦琪并没有满足。这种“不满”也让她在前进中催生了无限动力。

好雨知春，润物无声

北京外国语大学的校歌中唱道：“人民需要我们到哪里，我们就到哪里”。身为北外人，袁梦琪称自己享受着全国最优秀的外语学习资源，而作为新时代大学生，心怀回馈社会的愿望是有责任有担当的体现。北京外国语大学的“歆语工程”恰好为她提供了这一“润物无声”的机会。

2015年7月，袁梦琪顺利通过面试，成为北京外国语大学“歆语工程”赴甘肃张掖实践团的一份子，前往高台县第一中学进行了为期10天的支教活动。

长达30小时的硬座火车之旅并没有消减她的满腔期待和奉献热情，到达目的地后，教学对象的突然变动也许有些令人措手不及，但利用手头现有资源，灵活调整课程内容，备课到深夜3点的她，在接下来的英文教学中成功完成任务，赢得了带队组长、当地老师和同学们的信任与喜爱。

此次活动在当地引起了极大的关注。高台县电视台专门派工作人员来到实践团教学现场进行拍摄时，恰逢她在教给学生们音乐相关英语单词和表达。

“面对摄像机，我内心有些许紧张，但还是沉着应对，并配合工作人员在课后完成了采访任务。最令我开心的，是临行前班上学生赠予的卡片、糖果、欢笑与泪水，是引领他们纠正发音、排练英语短剧的回忆。”这些回忆，令返程的30小时显得不那么漫长了。回校后，袁梦琪的团队受到了学校的表彰，被评为优秀团队。这一经历更加坚定了袁梦琪提升自我、回馈社会的决心。

不积小流，无以成江海

大学生活多姿多彩，袁梦琪深知需要从许多支流中积聚自己的能量，学生会对她而言是锻炼能力的绝佳平台。在英语学院团总支学生会体育部，她度过了自己三年大学生涯，从默默无闻、闷头做事的小干事，到献计献策、强力辅助的副部长，再到独当一面、运筹帷幄的部长，袁梦琪的沟通能力和领导才能都有了明显的提升。

作为院会体育部长，袁梦琪成功开办了以2015级新生为主体的“奔跑吧Freshmen”定向越野比赛，既有效帮助新生尽快熟悉校园环境，还为接下来的一系列体育活动打下坚实的心理建设和群众基础。看着刚入学的学弟学妹们奔走在校园各个任务点之间，有的还借用了自行车以图加快速度抢占先机，不经意间就全身心投入到这项活动中，袁梦琪的内心也充满了成就感。

为培养学院内的运动氛围，袁梦琪同部员们借助微信平台和微信群，及时播报赛事信息，为英院各运动队招揽观众，终于激发了同学们的观赛热情。在2015－2016学年，英院连获冠军，并在校运动会中时隔多年再夺头名。这优异成绩的背后，是英院体育部的努力和团结协作。“每每想到此处，我作为三年骨干，都会情不自禁地露出笑容。”谈到这一点，袁梦琪是十分自豪的。

海纳百川，有容乃大

虽然已经在此学习多年，但是袁梦琪对北京外国语大学的向往与崇敬并没有因此消减。北外秉承着“兼容并蓄，博学笃行”的教学理念，以博大的胸怀，欢迎来自五湖四海的学生，同时也向世界各地输送优秀人才。

袁梦琪坦言,在这里,她不仅受益于最专业的外语教学,还能够开拓视野,以祖国的首都北京为中心,走向更宽广的舞台。

水奔流不止,袁梦琪的学习之路便不停歇,提升空间便永远存在,滴水穿石而润物无声,不论在英语学院还是未来在高翻学院,于不断回馈社会中实现自我价值始终是她不变的信念。

编辑手记:水滴至柔,但柔能克刚:水滴石穿是一场持久战,在这场战役中,坚持不懈的袁梦琪是胜方。好雨润物,袁梦琪用行动去奉献,悉心浇灌嫩芽。袁梦琪就像是一溪清泉,不急不躁地向前流动,在途中不断汇聚支流,积攒力量,奔腾到海不疲惫。

岳生辉:有些事现在不做,一辈子都不会做了

作者:岳生辉　编辑:丁也凡　努尔夏提

岳生辉,男,北京外国语大学亚非学院韩语系2015届本科毕业生,中文学院汉硕专业研究生。曾任亚非学院辅导员。曾于2013年赴韩国庆熙大学留学交换。

选择做一名辅导员

岳生辉的辅导员故事要从大三升大四的暑假说起。"那年夏天我参加了歆苗骨干训练营,认识了一位后来对我影响很大的师兄。"岳生辉口中的这位师兄不是别人,正是同从亚非学院毕业、现在学生处主管思政工作的梁碧韬老师。

"梁老师是一个脑洞极大、创新能力极强的人。"谈到梁碧韬,岳生辉的语气中总是透露着几分钦佩。"梁老师常说一句名言,'身体和灵魂总有一个要在路上'。我本来就是一个惰性很强、特别容易安于现状的人,这句话就像一把火点燃了我内心的小宇宙,我不希望我的思想落后于整个世界。就像五月天那首歌唱得那样,有些事现在不做,一辈子都不会做了。能拼的时候不拼,将来一定会后悔。"与梁碧韬的结识促使岳生辉滋生出奋发拼搏的决心,除此之外,梁碧韬的带队能力、多线程工作能力、工匠精神等优秀面也对他形成了潜移默化的影响。

通过参与学生工作,岳生辉多了收获、多了担当、多了成长,他活泼开朗的性格帮助他迅速和同学们打成一片。大四时,他坚定地选择了成为一块松软有嚼劲的"面包"——做一名辅导员。

辅导员的初体验

很快,岳生辉就把自己从毕业生的身份调整到了辅导员的角色之中,迎来了自己的第一批学生——亚非学院2015级新生。

初次担任辅导员,岳生辉坦言:“见到他们之前是很忐忑的。”毕竟面对的都是95后,他十分担心自己不能理解他们内心的想法。可当孩子们聚到他的面前时,他心里的不安一下子消失了一大半。“他们都太可爱了,而且特别听话。”谈到这一批学生,岳生辉的脸上不自觉地流露出几分欣慰和自豪。然而任何事都不可能一帆风顺,这段辅导员经历中的一个小插曲就让他至今仍记忆犹新。

“有一次我催一个班级交材料,时间确实紧张,我担心会逾期就对这个班班长的态度急了一点。想不到这个班长也是个急脾气,说我不理解他们,还说我工作上有很多做得不对的地方。”面对这样的质疑,岳生辉的回复简洁而有力:“我不可能做到每个人都满意,问心无愧就够了。”争吵归争吵,事后他却很感谢这名班长能让他意识到自己工作上的不足,并认真进行了自我反思和检讨。岳生辉始终相信,只有谦虚听取意见才能不断进步。

“做同学们的引路人”

在岳生辉眼里,一名合格的辅导员需要具备很多素质,责任心、耐心、领导力、大局观……除了基本的服务职能,更重要的是要具备一定的闪光点。

“一个好的辅导员不是保姆,而应该是同学们的引路人。用自己的优良品行、个人魅力影响同学们,让大家从心眼里喜欢你。”对照这个标准,岳生辉认为自己做得还远远不够:“我有时还是不够平和,有些情绪化。之前我们的团学干部在微信推送中出现了失误,我没控制住情绪,狠狠骂了他们。”岳生辉之所以发脾气,是想让同学们意识到,对待工作时严肃认真,才能对得起肩负的责任。但在发过火之后岳生辉也非常自责:“干事们的工作繁杂,大家都很辛苦,也许应该用缓和一些的方式让他们明白自己的错误。”

在亚非学院的各个年级里,对岳生辉而言2012级的学生可以说是最熟悉的。

毕业前，岳生辉生出了许多感慨："四年时光转瞬即逝，迎新的时候一张张青涩的面孔还时常浮现在眼前，转眼间你们都要毕业了。学长在此衷心地祝愿你们毕业快乐，前程似锦，每个人都能找到适合自己、与兴趣相结合的好工作。希望你们未来越走越顺，有时间的话，常回来看看。"

大家眼中的岳生辉

"岳老师是一个看起来比我们还要年轻可爱的男老师，是亚非前偶像团体退役艺人，也是我们的知心哥哥。他身上散发着满满的正能量（尤其体现在五颜六色的衣服上），工作十分认真，每次晚上去主楼的时候都会看到他在加班。每个部门的困难他都会参与并帮忙解决，并且耐心地回答同学的问题。据说特别喜欢玩'奇迹暖暖'，绝对是最亲民的辅导员之一。"

"岳老师呢，穿衣风格很别致的，比如那件彩虹衣，比如那条花裤子；岳老师也很多才多艺，唱歌跳舞做游戏，超级活泼不羞涩；而且小岳老师真的很暖心，特别照顾人，当辅导员也特别认真，有问题找岳老师就对了。提议大家叫岳老师欧巴，岳老师可是韩语学长呢。"

"辉哥的街舞跳得很好，这是大一时候的我对辉哥最初的印象。音乐响起，辉哥总能跟着节拍扭动身躯，妖娆的舞姿怕是身材再好的女生见了也会自叹不如。后来和辉哥接触多了以后，发现辉哥的脾气也特别好，再怎么和他开玩笑他都不会生气，最多'暴打'你一顿，打完之后大家就又能继续一起愉快地玩耍。我想要在北外找到第二个脾气好、街舞棒、颜值高还会卖萌的学长，恐怕是不太可能了。"

"我毕业了，他也成为了亚非学院的辅导员，肩负了为人师表和为人吉祥物的双重身份，我想学弟学妹们应该可以因为他在而安心不少。"

……

从诸多给岳生辉的留言中不难发现，学生们都非常喜爱他，给他起的昵称也是多种多样，反倒是"岳老师"这样公式化的称呼难得见到，可见他确确实实是与学生们打成了一片，在大家心目中，他更像是温柔学长和知心友人。

而他的朋友，11 级柬埔寨语的何富强的寄语则更多些温暖动人，"学贵得师，亦贵得友，小辉之于我，亦师亦友，希望小辉老师伴随亚非学院，一切都好。"

编辑手记:常听闻,学贵得师,亦贵得友。而岳生辉在亚非学院的许多学生心中,亦师亦友。他平易近人、温暖可亲,既能够和学生们打成一片,也能在必要的时候承担起应负的责任。对于工作他一丝不苟,更多的是自我反思、自我检讨,对于当前的状态永不满足,不断追求更好的身份担当。作为一名辅导员,从他身上可以看到这个往往严肃正经的职务的另一种表现可能。未来,期待他完成更多更精彩的"转身"!

早扎:爱与梦想造就的精彩人生

作者:邹梦灵　张津源　编辑:李鑫　努尔夏提

早吾扎·哈力赛,哈萨克族,英语学院英语系 2011 级本科生,在校期间曾获国家励志奖学金,2014 年北外"就业力大赛"八强之一。

早扎,一位热情开朗的哈萨克族美女。可甜美可御姐的女神外表之下,是一颗坚定和努力的心。她是国家励志奖学金获得者,还曾凭借自己的出色表现,闯入了北外"就业力大赛"八强。早扎与北外的缘分从 2011 年开始,自此一发而不可收。"在北外我收获了太多美好的经历,比如加入健美操队,与伙伴们一起拿下国家级比赛的优胜奖;比如随艺术团三巡去奥地利演出,让我领略与国内完全不同的风景。如果不是来到北外,怎么会有这样的机会呢?"早扎笑得特别开心。

热爱,所以坚持不懈

人们总会在热爱的事情上安置最牢固的坚持,早扎亦然。跳舞是早扎从小到大的爱好,也是她生活中不可或缺的一部分。

"记得大一刚入校就赶上了校庆,当时我在千礼的侧台看到了舞蹈队的表演,当时就想,真是太美了,我也一定要加入。"虽然她对舞蹈的热爱扎了根,但在第一次训练时,她就意识到,指导老师并不怎么看好这个从没参与过训练的大一新生。

早扎没有气馁,而是凭着自己对舞蹈的热爱和一股不服输的劲儿,在短时间内就学会了几乎全部的舞蹈内容,她的努力也最终获得了指导老师的肯定。

这种热爱和"劲儿"从那时候开始,就一直陪伴早扎,让她坚持到了现在。

谈到早扎的社团经历,除了舞蹈团,不得不说的就是她在国际交流协会(SICA)的三年。

2011 年 10 月，早扎加入了 SICA，从干事到副会长，前两年的工作经验让她积累了许多组织、开展活动的想法。2013 年 6 月，她成功当选为 SICA 会长，也终于有机会将自己的经验和想法付诸实现。

在组织协会每年最大的活动——“SICA 之夜”北外留学生晚会的过程中，早扎遇到了很多意想不到的困难。

“留学生的个性与中国学生截然不同，课程安排也不一样，组织工作困难重重。那一个月，几乎每天都要到两三点才能休息。”最终，在学校和老师的支持帮助下，早扎和 SICA 团队共同努力，晚会取得了不错的效果。从干事到会长，她因为这份热爱，坚持了下来。“我记得大二那阵子，只要没课，我就去国际处坐班。没有什么特别的原因，就是喜欢。我喜欢的东西我就会去做，一直坚持做，舞蹈队也好，礼模队也罢，从没想过放弃，即使是最忙最烦躁的时候，也一直坚持了下来。”

“有时候真的不想刷楼，不想被甩脸色。可现在再回头看，凡事有舍才有得。为了喜欢的事情多牺牲一些，在我看来是值得的。现在回头看，也不后悔。”大一时，早扎同时是几个社团的干事，常常要做一些琐碎且麻烦的事务，但在她看来，这些并不像其他同学所说一样，是“没用的工作”。

追梦，不断寻找自我

2012 年夏天，早扎在家乡的电视台做了一个月的实习记者，跟着师傅跑民生新闻。然而在实习中，早扎渐渐发现，自己可能并不喜欢做传媒。“我不自由”，这次，她的脸上没有了笑容，但是她追梦的脚步却没有停下。

2013 年 1 月，早扎又在厦门航空文化传媒公司运营部门开始了自己的第二次实习。这次的实习对她而言是一次宝贵经历。

“在那里我接触到了杂志运营、广告销售方面的工作，对我来说像打开了一个新世界的窗户，给我的职业规划提供了新的方向。”

2013 年 12 月，早扎通过竞选成为了“中国高校国际交流协会联合会”主席团成员，继而得到了在中国青年报驻会实习的机会。在那里，早扎参与了“与世界对话”的推广活动，也承接了团中央的一些活动宣传工作。通过此次实习，早扎对行政工作的流程有了更加深刻全面的了解。也在这一步一步的实习过程中，早扎找到了真正想努力的方向。

“不得不说，你比别人早一点确定你的目标，你可能就更容易接近成功。”这是她给学弟学妹们的建议，更是她自己的亲身体会。

感恩，传递爱与温暖

“真的非常感谢陪伴在我身边的每一个人，想一直抱着感恩的心。”

感恩，是早扎常提到的一个词。因为无论是课堂上还是课外活动中，早扎都感受到老师们无处不在的关怀与关爱。

“还记得有一次，老师介绍我时说‘this is my assistant’，我觉得非常开心。因为我不仅仅是他的学生，还是他的帮手、朋友，这让我感觉特别温暖。”

大三时，早扎参加了北外首届就业力大赛，期间得到了就业中心老师们的很多帮助，也取得了优异的成绩。进入大四，早扎丝毫没有犹豫，报名参加了就业指导中心党员志愿岗，她希望能把受到的帮助传递给更多同学。

“不管是学习还是生活，我都不想让我的父母为我操心。作为一个少数民族家庭的独生女，父母从小就教育我，不要太像独生子女，要学会分享。我觉得我的家庭很幸福，父母也都很理解我，高中时我在外地念书，他们给了我很大的支持。”早扎深知父母的不易，因此在获得奖助学金后，她就给家里购置了电冰箱等家用电器，因为早扎母亲手臂受过伤，揉面很不方便，她还特地用自己挣的钱给母亲买了一台面包机。“想为父母多做一点事，回报他们对我倾注的爱。”早扎说。

现在，早扎正按照自己的计划，一步一步朝着自己的梦想前进。因为热爱，所以坚持寻梦，因为感恩，所以努力前行。“一路走来，有你有我，谢谢我身边的你们，我会成为更好的我。”

这些爱与梦想，无时无刻激励着早扎，让她变成更好的人。

编辑手记：热爱、梦想与感恩，三个熟悉的词语构成了早扎人生中的关键词。因为热爱，早扎开始了追梦的步伐，在追梦途中，长辈、老师和朋友们的帮助给早扎的路上点燃了一盏盏灯，在小有成绩后，早扎将这些温暖又输送了回来，感恩的心使这些小小的温暖在人群间流动。

张文博:有趣的灵魂不知疲倦

作者:张文博　编辑:李鑫　努尔夏提

张文博,亚非学院泰语系2015级本科生。曾获北外“优秀团员”称号,曾任2015级泰语班班长、亚非团学联主席团秘书和自强社歆语社会实践部部长。参与创立的北外“小象未来成长计划”MTN项目组是国内高校为数不多关注野生动物保护的大学生团体,获2016年6月首都“创青春杯”创业创新大赛公益项目铜奖。

与象作伴

在过去的一年中,张文博的生活一直和亚洲象有着紧密联系。因为从小就喜欢语言,高考填报志愿的时候张文博果断地填报了北外。来到北外之后,她发现北外不仅语言资源丰富、名家汇聚,还有各种各样的社会实践机会。被自强社的合作项目“小象未来成长计划”吸引并由此加入,这大概就是她和亚洲象缘分的开始。

半年中,张文博深入接触了这个项目,也产生了一些疑问:大学生志愿者如何保护亚洲象?她究竟能做什么?于是,在大一上学期寒假,张文博决定去西双版纳参加这个项目,一探究竟。

探索的道路并没有想象中那么简单。先是飞机晚点,又是弄丢了去版纳的机票,千难万艰中才到了西双版纳,结果,接待的人却告诉她们说:“这个野生亚洲象密集分布的地区远没有我们想象中那么安宁和平静,人象冲突的事件屡见不鲜,象伤人、人伤象。”张文博被告知晚上到达宿舍后千万不要出来,以防遇到野象。

那个时候,张文博甚至开始庆幸接待方给买了保险。而这种焦虑,一直在蔓延。

第一眼看到大象的时候，张文博称自己感受到了那种与生俱来的霸气，尤其是四五头体型庞大的亚洲象同时从象舍出来的时候。

看到这些陌生的面孔，象群慢慢挪动脚步，眼神中明显有一丝焦躁和慌乱。

放象的山上没有人行道，张文博循着象的脚印不停地走着，不知道究竟到了多深的树林。就这样人挨着象，象领着人，在寂静的密林没有尽头地走着。还好身边有象爸在，她们将繁育基地的养象人亲切地称为象爸。

下山的时候，发生了一件到现在想还令张文博心有余悸的事情。一头小象顽皮，推搡着前面的两头大象，结果三头几吨的大象一起坐着从山坡滑了下去。张文博后来再想，如果她当时就站在它们的前面，大概会变成肉饼吧。她开始质疑自己：我为什么不回家过一个安稳的假期，要跑到这版纳的山上面对这么多的未知？

所有的改变都来自一头叫强强的小象。她觉得这批志愿者说来和亚洲象真是有着莫名的缘分，上山第二天就遇到野象。

为了快速转移，一行人不得不过一条河。象爸们怕鞋子弄湿，在河里铺了一些石头。可是，怕水的强强竟然踩着石头过了河，而且把石头都踩翻了。跟在它后面的张文博有些不知所措。这时，它竟然一只脚试探性地踩进水里，朝张文博伸了伸鼻子，好像想鼓励她。

在这片陌生的环境里，张文博发现，人和动物也可以是相互依存的关系。张文博开始每日早起勤勤恳恳地为强强打扫象舍，它也允许张文博进入它的领地，和它一起吃菠萝。

所谓的付出就会有回报，在人与动物之间也同样适用。

摆脱了最初两天的恐惧，张文博试图了解亚洲象繁育基地每一头大象的故事，发现它们都有着悲惨的经历。

然然是一头 13 岁的母象，3 岁那年腿部被兽夹夹伤，基地的展板上至今还能看到它刚被救助回来的图片，腿部伤口极深，血肉模糊；西广是边境毒品走私的受害者，曾被注射大量毒品，现在还总时不时地自嗨、眼神浑浊……而对于强强这种身体健康的象，张文博不知道它长大之后会面临什么，是否会如大家希望的一样，回归自然，还是到哪个景区，变成一头表演象。

“还有我眼前的那片热带雨林，有一天会不会真的像新闻报道中说的那样消失不见。”那时开始，张文博萌生出一种想要保护这一切的冲动，也开始明白这批志愿者存在的意义。

“我们可以自己利用独特的语言和宣传优势，记录下那些看似远离大家生活的故事、亚洲象的生活还有象爸这个群体的工作日常。通过我们在朋友圈、校园媒体等平台上的宣传，让更多人关注亚洲象的生存现状并加入到拒绝象牙制品、反思大象旅游业并保护亚洲象的行列中。”

责任在行

回到北外之后，张文博和几个热爱自然的同学创立了 MTN 遇见自然项目组（第 12 张），希望能够更加专业化地运营原有的志愿者项目，在大学生群体中唤起自然保护的理念与意识。成立项目组后，她们的机制更加完善，校方的支持力度也更大了。

今年暑假，在学校和“小象未来成长计划”团队的大力支持下，“小象计划”报名人数达到近 80 人，更是突破性地有 16 人赴西双版纳参与亚洲象保护项目。从一个志愿者活动的参与者到组织者，张文博身上的担子也越来越重。

从招募选拔志愿者，到组织开展活动，再到保证志愿者在当地的安全，张文博希望每一个环节都能尽量减少失误。总体来说，她们得到了不错的反馈。暑期项目的宣讲会现场十分热烈，越来越多的大学生开始关注亚洲象，北外周边一些高校的同学也找到她询问能不能报名参加这个项目。而志愿者们，也和象爸们建立了长期的联系，回到学校后仍能心系版纳、关注亚洲象的最新动态。

为了能够扩大影响力，张文博参加了 2016 年首都“创青春杯”创业创新大赛（公益组），并获得铜奖。同时，她们并没有止步于亚洲象。部员们开始联系全国各地的动物保护协会、基金会、自然保护区，投递合作方案。在吃了一次又一次的闭门羹后，四川卧龙自然保护区的项目取得了初步的进展。月初，她们还和行动亚洲、动保网共同开展了“抵制皮草”的零皮草活动，引起了大家的深度思考。很多同学都说，以后再看到身边的家人朋友穿戴皮草制品时，绝对不会默不作声。除此之外，与亚洲动物基金会合作的“把美丽的月熊还给森林”亚洲月熊宣传展也正在进行。

为了让同学们从身边小事开始保护动物、保护自然，项目组配合“冬季流浪猫义卖”活动，为自强社扶贫部门设计了一批文创产品，并将全部利润所得捐赠给了流浪猫流动站。她们还利用大学生的理论优势，和“环保益起行”签订了开课协议，招募了十五名北外的志愿者，在北京各大小学长期开展环保课程。

潘基文在世界青年大会上说，青年应该承担起责任，发挥影响力，通过应对当前的诸多挑战，推进社会正义和确保环境的可持续性。“我们对自己所处的环境、人与自然的和谐、环境的可持续性发展都有一份责任。由于北外独特的语言优势，我们经常能够接触到国内外各种媒体关于环境问题的报道和呼吁，环境问题是无法避免的世界问题。或许我们曾经觉得这些离自己很遥远，但是当我们在雾霾天扮演着吸尘器的角色的时候，我们应该很清楚，如果我们什么都不做，未来我们将面临怎样的生活。”张文博希望更多北外人能意识到自己肩上的责任，和她们一起行动，让这个世界因为所有人的关注和坚持而有一点点不一样。

编辑手记：张文博是一个兼具爱心与责任心的人，她将理想付诸行动，怀抱梦想，希望这个世界能因自己的坚持而有所不同。同时，她拥有一个有趣的灵魂，能观察到象与自己，自然与人之间的和谐，这样的灵魂，将永远不知疲倦。

张文凯:博学笃志,与时俱进

作者:张文凯　编辑:丁也凡　卢玥颖

张文凯,男,北京外国语大学英语学院2016级硕士研究生,本科就读于北京师范大学外国语言文学学院英语系。曾获2016年国家奖学金和新生特等奖学金、2016年MODEL APEC大赛全国冠军,并参与秘鲁APEC峰会;曾为团中央、联合国、财政部等机构担任陪同与交替翻译。为照顾身患重病的母亲,他一肩挑起家庭的重担,同时努力兼顾好学习和工作,得到了来自学校和社会各界的鼓励、帮助和支持。

海明威曾说过,"Courage is grace under pressure."——勇气,是重压之下的优雅。在我看来,所谓的优雅,其实就是:相信阳光,相信路和远方,相信这个世界!希望:我们每个人都能走在追求自己生命优雅的道路上不知疲倦;当我们回头一看,已是满路鲜花!

——张文凯

做一个与魔鬼作战的天使

张文凯出身于山西省柳林县一个偏僻的小乡村,村里的村民都没有接受过初中教育,孩子们初中毕业之后去城里打杂或者在家务农——这似乎已经成为一条生活定律。但张文凯决心想要打破这样的规律,从小他的梦想便是走出大山,到外面的世界去奋斗、去拼搏,他想要寻找一种新的生活方式,过上一种不后悔的生活,做一个心中有梦、敢于追梦的人。

凭借着心中这份坚定的信念,张文凯成功考进了北京师范大学外国语言文学学院英语系,人生迎来了可喜的转折。然而造化弄人,在大一结束时的那个暑假,父亲被诊断患有胃癌晚期，母亲被诊断患有肺部小细胞癌——这一切对于刚步入人生正途的张文凯来说，无异于一场毁灭性的磨难。

2013 年 9 月底父亲不幸离世，张文凯强忍悲痛，带着母亲来到北京接受更好的治疗，医院和学校两头跑成了他生活的日常，所有寒暑假都在医院与母亲为伴，“忘了在医院打了多少次的地铺，但能见到家人的笑，心里总是暖的。”张文凯奋发图强，用自己的奖助学金和贷款支付母亲一次次的医疗费用，两年间，他银行卡里的钱一度低于三位数，最少时甚至只有 15 元。

2015 年 5 月下旬，母亲病情危急，学校得知情况后，在第一时间为他举办了校园筹款活动，并熬夜做了展板和海报。在社会各界的积极转发和捐助下，这次筹款活动创下了一个一天 108 万的惊人纪录。“我想象不到这是一个多大的数字，只觉得：这是一份一生都不可断也不能断的恩情。”对于社会的善意，张文凯也始终心怀感激。在医院里，每次向大夫询问检查结果，无论结果是好是坏，他总会给每个大夫一个大大的拥抱——“这个拥抱献给他们的尽力而为，也献给我们的共同坚持。”张文凯用小小的肩膀扛起一个家，这其中没有惊天动地的曲折故事，但却从日常生活的一点一滴中透露出感人至深的温情。

“未来的生活仍然充满不确定性，没有人可以保证生活的一帆风顺，但我相信我所经历的一切会让我变得坚定、变得淡然，做一个更有力量的人，去创造一个虽然充满未知但却值得期待万分的明天。”

既是肩膀，又是翅膀

“大学生活给了我无穷的飞翔的力量，天高海阔，任君去闯。”尽管经济上并不宽裕，但张文凯始终保持着一颗积极向上的心，笑对生活。大学期间，他一直不懈努力，勇敢追梦，一路成长、一路蜕变，从一个不敢开口说英语的农村小伙到如今已能够凭借着自己的专业能力独当一面的英语系精英，其中几多辛苦付出，非亲身经历者想必难以体会。

“我觉得学习是一个学生的基本。你能够把它做得有多好，其实反映出你在你应该做的事情上能做到多少、能投入多少。在某种程度上，它可以反映出你的态度。”

正是因为有这样明晰的认知，张文凯的求学之路走得踏实而又自在，正如他自己所说,“所有的称号与荣誉都在见证着自强之人所踏出的每一个坚定的步伐。”他披荆斩棘、乘风破浪而来,怀抱累累硕果,继续无畏前行。

希望充实,不喜欢慌乱

当学习和学生工作撞在一起、当生活和工作搅在一起,面对成堆的任务和工作,很多人会感到无所适从。本科期间张文凯曾担任学校的英语俱乐部社长,那时他就常常遇到这样的情况,但神奇的是,他也总能在学习、工作和生活三边关系中找到平衡,让一切事情进行得有条不紊。张文凯习惯将计划提前,比如周日的一个三分钟演讲,他在周五之前就会确保一切都准备好,给自己留出充分的时间和余地。

张文凯随身带着一个日程本,方便随时把自己需要做的事情记录下来,随时规划、随时查阅。长久下来,他的书桌上堆积起来一摞摞本子——这是他对过去每一天的回顾,也是对未来每一天的计划,更是他对“成为更好的自己”的要求与期待。

push 自己、验证自己

世界很大,上进心极强的张文凯从未停下过前进的脚步,他渴望迈向更广阔的舞台。

他是2016年度MODEL APEC大赛全国冠军,作为青年代表参加11月的秘鲁APEC峰会,就大学生创业创新问题对话澳大利亚总理特恩布尔;2016年9月他受邀参与在老挝万象举办的东盟峰会;他在联合国环境规划署驻华代表处担任实习生,协助环境署进行联合国2016年青少年环境教育实践营前期筹备和之后的正式开展工作,并协助国家官员和项目助理翻译环境署总部文件及撰写每月呈递总部的新闻稿。他在联合国的实习经历和一些出色的个人事迹被《北京日报》报道,并在“外交之声”等微信平台上得以广泛的传播,向社会各界传递出积极自强的新时代正能量。

“我希望有一个平台去检验自己,看看自己积淀到了什么程度、距离更高的平台还有多远、应该再在哪些方面充实自己。”面对履历上数不清的优秀事迹，张文凯从未改变过自己的初心——他想要做到更好、变得更强。

榜样无处不在

张文凯有一双善于欣赏的眼睛。在他看来，优秀的人有很多，他们身上值得他学习的地方更是多不胜数。

“我佩服他们能把那些国际问题认识得那么深刻，我佩服他们能把那些背景知识了解得那么充分，我佩服他们能把发言做得那么讲究、那么有范，我佩服他们知道如何从生活中获得情调、如何在工作中表现自己的干练。在这条道路上，他们是我成长的目标，也是我前进的动力。”

他总能发现身边人、台上人的闪光点并让这些闪光点成为自己的指航灯，激励自己不停努力、不断前行。

为了时刻提醒自己、不断勉励自己，张文凯在他的日程本上写下了这样一个问题——“如果心无所惧，你会做什么?”

答:“博学笃志，与时俱进。”

编辑手记:“天高海阔，任君去闯”，对于张文凯来说，尽管这条追梦之路承载了太多悲欢离合，但也磨炼出了他坚定自强的意志和永不言弃的决心。无论是对家人、对朋友，还是对医生、对老师、对所有帮助过自己的人，张文凯始终抱着一颗感恩之心，他用自己的善良和谦逊诠释了何为真正的“君子”。“不经一番寒彻骨，哪来梅花扑鼻香”，历经磨难之后，张文凯必将涅槃重生，四处翱翔!

张振:可能振的“可能”

作者:巩洁　张许瑞　李雪雯　编辑:刘杨　古典　卢玥颖

张振,北京外国语大学国际新闻与传播学院 2011 级学生。2015 年入选学校“2+2 推免保”项目,2015 年 9 月至 2017 年 9 月担任国际新闻与传播学院辅导员。

两条腿走路

成功入选“推免保”,成为国新院的辅导员,用张振自己的话说,走上这条路,是偶然,也是必然。

“推免保”是学校保送研究生的一个项目。入选该项目的同学将会从事两年学生工作(包括学生处、团委、辅导员)并保送攻读硕士学位。

如果想获得“推免保”的名额,既要有优秀的学习成绩,又要有丰富的学生工作经历。如果你翻看张振的履历,就会发现他在这两方面都有不俗的表现:

他获得过校奖学金,评上过先进个人,也曾担任首都高校传媒联盟的副主席、常务委员,校学生新闻中心的秘书长及党支部的宣传委员。张振说他在大学期间,有意让自己在学习和学生工作上“两条腿走路”,尽可能地突破自己。

也正是这一点,让张振在众多候选者中脱颖而出。

身份的转换

“就是很喜欢和学生在一起。”当被问及想当“推免保”的初衷,张振的回答格外简单。

2015 年 7 月末,张振留校,准备迎接他的第一拨学生。那时候他认识的人各奔东西,校园里一片空荡。他说他那时总有一股物是人非的惆怅,但脑子里还必须要想,该如何面对自己未来的学生。“我曾不止一次地想象我该如何实现身份的转换,并不断地在脑海里设想该怎样面对我即将到来的学生。”

不久后,2015 级歆苗新生训练营开营,张振迎来了他的第一批学生。之前排演的那些内心戏,让他很快进入了“老师”的状态。

为了不使自己的语气显得太学生气,他刻意在与学生的微信通讯中删掉了以往早已习惯的 emoji 和一些萌化的语气词;为了和学生拉近距离,张振把自己变成了一个“暖男”,一个学生甚至说他是“中央空调集中供暖”。

歆苗新生训练营的学生张许瑞回忆道,他有一次特别想念家乡西安的小吃,张振得知后专门带他去一家很远的陕西餐馆吃凉皮肉夹馍;同在歆苗新生训练营的李雪雯说她初见张振时,感觉他很内敛,熟了之后才发现他真的很暖,而且还一路带着她“打怪升级”……那一级很多歆苗新生训练营的学生,都和张振结下了深深的“革命友谊”。

“闯关”的开始

2015 年 9 月,北外新生报到,张振也开始了国新院辅导员的工作。

开学当天,一位家长给她发来一封短信:“听说孩子一大早就到校了,总算放心了。以后就是你的学生了,请多关照!”

“现在想想,当初的自己其实还并不能理解一声‘老师’究竟意味着什么。”张振那时还对辅导员的工作一知半解,但已深感其责任。

开学后,张振说自己就像超级玛丽,一步一步在闯关。

有一阵子,他常常每天只睡三四个小时,有时一连两天没吃过正餐。“那段时间一见到学生就有一股用不完的精神,烟云散去心扉开。”

他的努力也获得了学生的认可。国新院 2015 级的学生觉得他既是老师,也是朋友。“他总是在该严肃的时候严肃,该卖萌的时候卖萌。既能陪我们一起疯一起闹,也能在我们需要时给我们指点迷津。”学生说他爱在微信群里发“鸡汤”,大家都喝得很开心;还有学生对他发明的各种签到方式印象深刻,说他创造力惊人。

张振觉得自己是带着“立德树人”的情怀去做自己的工作。“带着情怀帮毕业生在就业择业上解一次惑,带着情怀组织大一新生做一次社会调研,这些可能都会像自己的老师影响自己那样,去影响自己的学生,潜移默化,薪火相传。”

“可能振”的可能

张振的微信名叫“可能振”,大概所有加过他微信的人都会问他什么是“可能振”。

张振说:“‘可能振’在过去更多地指的是希望能更多地突破自己,创造更多的可能;而在今天,‘可能振’希望能为自己的学生带来更多的可能。”

张振也鼓励自己的学生在大学活出自己的色彩。“大学本身就是一个多元、自由的存在,现如今对‘好学生’的评价标准也越来越多元,选择成为一个安静的学霸也好,一个叱咤校园的社团达人也好,一个寄情山水、寄情社会的活动家也好,认准的事就要在正确的方向上坚持下去。坚持最难,也最容易做出成绩。”

如今,张振远赴美国求学。他仍在寻求自己的可能。

编辑手记:张振是一个很有韧性的人。他很清楚地知道自己想要什么,也很清楚地知道自己要怎么努力,这是很多同龄人都做不到的。从学生到老师,再做回学生,他总可以在每一个身份里突破自己,做每一个身份里的“可能振”。人生有那么多扇门,打开哪一扇都会有一条路,路上总有些煎熬,也总有些惊喜,只有走过了,才能体味其中滋味。“可能振”大概还会打开很多扇门吧。

04

对外传播篇

韩慧琴:逐梦青春,与君同行

作者:韩慧琴　编辑:李鑫　卢玥颖

韩慧琴,北京外国语大学2015级汉语国际教育硕士研究生,2016年作为海外汉语教师志愿者赴保加利亚普罗夫迪夫数学高中任教一年。

千里之行,始于足下

九月,丹枫迎秋,又一批汉语志愿者携手并肩踏上了前往异国他乡的汉语教学之路。韩慧琴追随着前辈坚定的身影,领略海外汉语教学基地特有的魅力,用责任书写着自己的人生华章。

已经过去半年的时间了,在外研社培训基地为期六周的培训却还历历在目。

最初在基地的大阶梯教室里,两百多名怀揣梦想、年轻跃动的90后志愿者教师们第一次见面,韩慧琴的兴奋之情难以言表;海外安全素质拓展活动,大家从陌生到熟悉,齐心协力,共同完成目标;在各类幽默风趣、寓教于乐的培训课程中,十八般中华才艺样样精通的各位老师轮番上阵施展才艺;最后的结业典礼上,众人一同歌唱"听那不同肤色齐声说:'你好,中国,我爱你。'未来总有一天会发觉,我们为自己而骄傲。未来总有一天会见证到,中国梦的闪耀。"

转眼,普罗道路两旁的叶子由绿变黄,渐渐凋落,韩慧琴的志愿者生活也已经过去了五分之一。记得刚到保国的第一天,十几个小时的航行后,韩慧琴整个人的身体已经处于"葛优瘫"的状态,但精神却异常亢奋:终于到达目的地了!一下飞机到达机场大厅,就看到了索非亚孔院的老师们。虽然大家从未谋面,但那一刻就像见到了亲人,大家亲切地相互问候,每个人脸上洋溢着灿烂的笑容。

到岗几天后,恰逢第三届"全球孔子学院日",孔院为此举办了一系列中国文化推广活动：挥毫泼墨的书法表演、妙趣横生的汉语公开课、茶香四溢的茶艺表演、刚柔并济的太极拳与太极柔力球表演以及活力乒乓体验活动。各富特色的中华文化活动不仅吸引了不少市民前来观看、体验，也让韩慧琴和小伙伴们大为惊叹。“当时就想，大概再没有比那时更能感受到孔子学院作为中国文化之窗所肩负的使命以及汉语教师作为使者传播中华文化、推广汉语国际化的重任的时刻了吧。”

桃李不言，下自成蹊

十月，在秋高气爽中，韩慧琴终于来到了自己赴任的教学点——普罗夫迪夫数学高中。这所高中位于普罗夫迪夫的西南角，是当地一所有名的示范高中，成立于1971年，由一位名叫Kiril Popov的科学家建立。由学校的名字一望而知，这所高中以数学闻名，但学校同时也很重视学生的语言学习，开设了多种外语课，如英语、德语、法语、俄语、荷兰语和汉语。

“记得第一次参观学校的时候，就有一个女孩子跑来羞涩地问我是不是汉语老师，她们什么时候可以选汉语课。尽管那时还没开课，但看到学生满心欢喜、全然期待的样子，作为一名老师，自然也感到很开心。”韩慧琴的学生以九年级和十年级为主，都是零基础，人数虽然不多，但值得庆幸的是每个人都对汉语有着很高的学习热情，都很认真。从开课到现在两个多月的时间，除了个别特殊情况外，学生们几乎不会缺课。单凭这一点，也可以看得出来，他们是真的喜欢汉语。因为作为兴趣班的汉语课，对他们是没有任何考勤和成绩要求的，全凭学生的自制力。

对于以保语为母语，以英语为第二外语的他们来说，大部分声母、韵母的发音都很容易。遇到个别发音困难的声母和韵母时，他们都会多次尝试。对学生来说，拼音中最难的部分大概是声调，尤其是第三声。尽管个别同学的发音不太标准，有时还会让大家捧腹大笑，但正因如此，也给课堂添了些许的活力和乐趣。

神奇的汉语拼音，让学生们迈进了中文新世界的大门。独特的中国汉字，则让他们开启了这个古老、神奇国度特有的文化之旅。

第一次教汉字时，韩慧琴选取了一些象形文字，大家你猜我画不亦乐乎。第一次书写汉字时，韩慧琴则准备了多份田字格，大家一笔一画全神贯注。她还记得做名字卡片、让同学们写自己的汉语名字时，大家满心欢喜自信满满。

许多的第一次拼凑成了韩慧琴美好的回忆,而脑海里的点点滴滴则都是学生们认真的模样,教学中的时时刻刻,也都是学生们不经意间带给她的惊喜。“我很感谢备课和教学的这个过程,让我感受到三尺讲台的魅力,更让我体会到一名老师应有的责任感和幸福感。”

学识沉淀智慧,梦想点燃激情。青春正当时,最好的时光理应留在逐梦的路上。韩慧琴对青春充满了斗志:“让时间见证我们逐梦青春的热忱与豪迈,让时间刻录我们播种瀚宇之花坚定的步伐,让我们听那不同肤色齐声说:‘你好,中国,我爱你!’”

编辑手记:韩慧琴的经历围绕着青春、追梦与奉献三个字。诗酒趁年华,正当青春年少时,韩慧琴将自己的梦想定义为奉献。她的追梦历程,也就是燃烛之路,她将永远在路上。

侯东海：东海的意式小城

作者：侯东海　编辑：王云芃　卢玥颖

侯东海，北京外国语大学2014级汉语国际教育硕士研究生，2015年作为海外汉语教师志愿者赴罗马大学孔子学院任教一年，因在志愿工作中表现良好，得到了孔院处的书面表彰。

初识

2015年10月，侯东海与马利耶初次相遇。那是一座位于意大利东南部的小镇，隶属普利亚大区莱切省，巴洛克风格浓郁。彼时阳光温暖，地中海清甜的微风像光滑锦缎一样拂面而过，吹走了侯东海身上一路的风尘，也平静了他忐忑不安的心。作为罗马大学孔子学院派驻到国立卡佩切高中孔子课堂的第一任汉语教师，东海欣喜地立于那片充满魅力的土地——然而未知的国度，又令他倍感挑战和不安。

有人说，意大利南部才是真正的意大利。侯东海与这座小城初识的第一天就切切实实感受到了意大利人民的质朴与热情。大概是由于当地人很少见到东方面孔，侯东海所到之处，满是马利耶居民向他投射而来的善意目光。接待东海的是卡佩切高中的副校长牧师卢卡，在当地颇负声望。卢卡认真地向学校里每一位教师介绍新来的中国同事。侯东海没有任何意大利语基础，但不妨碍大家都跟他热情地握手拥抱。语言不通、没有同伴的滋味想来并不好受，然而东海的心已经被这群淳朴善良的人温暖。

侯东海住在一套温馨舒适并带阳台的小房间，距离学校不到十五分钟路程。站在阳台上可以看到日光滑下中心教堂的余晖和星月交替升空如钻石般璀璨的光耀。这座小城市只有三条主干道，东海的住所就位于其中最重要的一条，名叫罗马街，也是马利耶的购物街。那里清一色的巴洛克风格建筑，精致小巧的店铺布局，无一不令人神往。随处可见的甜品店，热情友好的往来人群，特别是每逢节日家家户户张灯结彩的氛围，让侯东海记忆犹新。

侯东海来到马利耶的第二天便正式开始了他的汉语教学工作。国立卡佩切高中始建于1843年，由富裕的Francesca Capece公爵夫人捐赠成立。作为普利亚大区顶尖的国立高中，学校经过多年的发展，现已形成完善的学科体制，共分为两类不同学科、五个高中分校。意大利高中的学制为五年，必修课时间为周一至周六8时至13时，选修课时间为14时至17时。

同意大利现行的汉语教学情况一样，卡佩切高中的汉语教学模式也是中意教师合作教学，即意大利籍汉语教师讲授语法、生词、汉字等理论知识，侯东海负责汉语听说和口语操练课程，同时教授HSK辅导选修课。

接触

侯东海的搭档姓周，是一位漂亮、温和的女士，四十岁左右的年纪，留着一头干净利落的短发，有着闪亮的大眼睛，说起话来有着迷人的微笑。周老师毕业于威尼斯大学汉语系，并曾任云南大学意大利语教师，教学经验丰富，汉语流利。在相熟之后，侯东海亲切地称呼她为“意大利妈妈”。还有一位年轻可爱的Elena，毕业于罗马大学东方语言系，于广州担任过英语外教工作多年，为人热情开朗。在两位老师的介绍与帮助下，东海了解到了自己的工作任务——负责全校高一至高四四个年级、七个班的汉语听说课程，全校学习汉语的学生共136人。

听到即将教一百多个学生学习汉语的时候，侯东海觉得紧张而激动。作为一个新老师，几乎没有心理准备就要接受这么大的一个挑战，他担心自己能力不足。但想到有如此多的学生愿意学习汉语，有深入了解中国的想法，他又倍感欣慰，跃跃欲试。

侯东海至今都忘不了第一堂课的情形。当学生们知道他不是交换生而是他们的新口语老师时，发出了一阵欢呼。面对渴求知识的学生，他再也没有一点儿紧张的感觉。侯东海开始有条不紊地介绍自己，并让学生们一一做自我介绍，以便从他们的表达中感受他们的汉语水平。他看着每一个学生稚嫩晶莹的脸庞、好奇闪烁着的大眼睛，第一次感受到了教师这份职业的伟大和汉语教师不同于普通教师的那种感动。就这样，侯东海用一节课获得了学生们的认可，也可以说，学生们用一节课就拴住了他的心。

融入

逝者如斯夫，东海的生活就这样每天在学校和家之间一点点改变。他几乎忙碌得忘记了思考，忘记了曾经走过的路。“当有一天忽然回首望去，才惊喜地发现了自己的改变。曾经上课时略显紧张的心情早已无影无踪，曾经生涩的教学方法、讲课技巧现在已变得游刃有余，曾经一句意大利语也不会说，现在竟然也可以正常地用它和孩子们交流了，还有，以前不会做中国菜的我现在厨艺也有模有样。我可以直接喊出学生们难记的名字，可以跟每个相熟的同事贴面寒暄，可以认得城市的每一条道路……”他这样说。

侯东海慢慢融入了这个小城市，变成了它的一份子。这里的生活慢慢改变了他，而他似乎也为这座城市增添了一抹韵味。在意大利期间，他积极参加罗马孔院举办的“意大利孔子学院汉语教师研讨会”，并以《基于抛锚式教学理论的意大利高中汉语听说课教学设计》为题进行了精彩的发言；春节期间，他组织了“中国猴年传统春节庆典——暨校园开放日”活动；2016 年 3 月，他策划并参与“国立卡佩切高中孔子课堂揭牌仪式”，卡佩切高中自此成为了普利亚大省乃至整个意大利南部唯一一个正式挂牌的孔子课堂。随后，侯东海受孔院的委托，成功编写《罗马孔院下设国立卡佩切高中孔子课堂调研报告》，为中西文化交流做出积极贡献。

侯东海说，这个学校、这座城市给予他的太多，而他所能做的却还是微不足道。但东海也是欣慰的：“我看到学生们努力练习汉语想和我交流，看到了学生们认真完成我布置的作业，看到了学生们汉语水平的一点点进步。”

一转眼任期已过大半，而他对这座城市、这所学校、这些学生、同事和朋友的感情却越来越深。没有来到这里之前，东海想象着一个人生活的艰辛、与外国人交往的困难。但他亲身经历后发现：人和人之间也许有着语言、文化、国家的差异，但灵魂中最本质的精神却是共通的，两颗温暖的心必然能够相互靠近，只要做最真诚的自己。

离别

接到罗马孔院通知需要编写给下一任教师的《入职手册》的时候，东海才真正意识到自己确实要离开了。“离开这个温暖了我近十个月的城市。在这十个月里，我切实地感受到了自己的进步。这不只是个人能力的提升，还包括精神层面的升华。我一时无法想象如何说服自己着手收拾行李，准备离开。”

2016 年 7 月 16 日这天，作为罗马孔院考点的卡佩切高中成功进行了第一次 HSK 考试。参加考试的学生人数共有 66 人，主要集中在高三和高四两个年级。当考试结束，得知侯东海即将离任的消息，所有学生一股脑冲到他身边拥抱他，有人含泪，有人不舍。东海一直以来压抑的情感随着眼泪一并宣泄而出。他告诉这些孩子：时间总是很短暂，但记忆却能永恒。“我感谢在我最美好如朝阳般的年纪遇到他们，也感谢他们在我的记忆里留下浓墨重彩的一笔。我希望，无论我们身在世界的哪一个角落，我们都永远祝福着彼此。”

编辑手记：一年的经历，永远的感动。东海和他的意式小镇，将长留在这些孩子的记忆里，伴随他们成长。而他的一句话非常动人——人和人之间也许有着语言、文化、国家的差异，但灵魂中最本质的精神却是共通的，两颗真诚、温暖的心必然能够相互靠近。有着这样通透的理解，相信侯东海一定能在今后的日子里，继续作为传播中华文明的使者，促进中华民族与世界各国友好和平交往。

李重洋:文化交流践行者

作者:李重洋　韩金虹　编辑:古典　卢玥颖

李重洋,北京外国语大学俄语学院 2014 级硕士研究生。专业过硬,曾获世界俄罗斯语言文化大赛冠军、全国口译大赛冠军、央视俄语大赛冠军等。才艺突出,参与国内外各类文艺演出 30 余场并获奖,积极组织中外学生文化交流活动,宣传中国文化。

公派赴俄留学,硕士保送,还担任过大型国际会议的同传翻译,自学韩语通过 TOPIK 韩国语能力考试 6 级(最高级),还曾赴斯洛伐克进修斯洛伐克语,李重洋的履历和同龄人相比显得很传奇。他身上自带多重属性,每一个属性里都有一个光鲜亮丽的他。相比“学霸”这样的外在标签,他更愿意把自己称作“文化交流的践行者”。

多才多艺 用歌声推动中外文化的交流

因为唱歌好听,李重洋活跃在校内各类文艺晚会上。“十大歌星赛”“T 风暴”“英歌赛”,这些北外学生熟知的文艺晚会上,李重洋都曾登台表演。

但他还想站在更大的舞台上。

2015 年 12 月,李重洋在俄留学期间,参加了中俄大学生歌手比赛并荣获冠军,赛事消息被新华网、CRI 等中俄媒体广泛报道。他对中、俄文歌曲的精彩演绎给在场的中、俄观众留下了深刻印象,并受邀在驻俄使馆 2016 年留华学生新春招待会等涉外活动中演出。同月,他应俄方邀请,在莫斯科政府民族事务部门主办的“莫斯科亚洲小姐大赛”上作为特邀嘉宾演唱中国歌曲,向俄罗斯观众及媒体展示了中国青年的风采。

2016 年 12 月，在庆祝中哈建交 25 周年“大地儿女”晚会上，李重洋将哈国名曲《阿拉木图之夜》编译成汉语，并和留学生用俄、哈、汉三语演唱，熟悉的语言和旋律拉近了中、哈两国青年之间的距离。

2017 年 1 月，在北外翻译社主办的“华音外绎”歌曲编译比赛中，李重洋将动画《大鱼海棠》主题曲编译成俄语并演唱，将中国文化传递给俄语听众，最终获得网络投票第二名。

在李重洋看来，音乐是可以跨越国界的。它不仅是生活上的调剂，更是一种引起强烈共鸣的文化交流方式。

“音乐是最万能、最简单的一种文化交流形式。虽然不是直接接触到汉语，但是通过俄语的翻译，外国朋友可以体会到汉语写词的意境，再配合着旋律，可能就会对中国的音乐和文化有了初步的认识。接着，他们可以通过寻找音乐的相似之处，一步一步加深对中国音乐的理解，对中国产生一种新的观感。”在李重洋看来，这会是一个良好的文化交流的开端，从音乐中发掘中国元素，从而引起共鸣，激发同感。

文化沙龙　用行动深化中外青年的友谊

演讲者爱好俱乐部，是李重洋尝试参与组织创办的第一个文化交流活动。这个俄汉双语俱乐部，吸引了不少俄语学习者以及来自俄语国家（包括俄罗斯、哈萨克斯坦、吉尔吉斯斯坦等）的在华留学生。活动内容包括演讲、辩论和座谈等等。其中的主要活动是辩论，以一期汉语、一期俄语的形式开展。用汉语演讲辩论的时候，中国学生在辩题内容上、语言纠正上、中国人的逻辑思维解释上，给予了留学生很大的帮助。同样，中国学生在讲俄语的时候，留学生也会在这些方面给中国学生提建议。

“现在许多在华留学生和中国的外语学习者所参与的文化交流活动，大多都是找语伴的形式，但这个形式是比较松散的。”李重洋谈道，自己办演讲者爱好俱乐部，正是想突破这种松散的交流形式。“往前推个十年二十年，那个时候中外青年直接交流的机会很少，交流的意识也很淡薄。而现在呢，我们青年之间有了直接接触的机会。我们可以让他们通过这些文化交流活动来了解中国青年最新的想法和立场，他们也会借此给我们介绍他们的思想和文化，这种情况下才能促进相互之间的交流和理解。”

组织这样的文化交流活动并不是一件轻松的事。除了与留学生组织协调、找场地这样细碎的小事,中外学生思维方式的差异也让李重洋感到困惑。“比如中国学生习惯于把所有事情都提前安排好,会把各方面都考虑得十分周到。而国外的同学会相对随意一些,他们会随时想一些新奇的点子,但可能因为准备不充分,实施起来会出现一些困难。这个过程中就需要我们取长补短,不断地磨合。”他还谈到中外环境的差异,会让一些外国朋友对中国的了解产生偏差。“这时候,我们就要尽力去纠正他们的偏差,让他们对中国有更加深刻更加客观的了解。”

大四时,李重洋和他的团队在外研社的协助下,和俄罗斯学生会共同举办中俄学生文化沙龙,参加者超过了120人,其中还有北语和外经贸的俄罗斯留学生。

谈到办这些活动的意义时,李重洋的想法很朴素。“并不是说一次性要把它组织得很高大上,而是想真真切切地给大家一个互相认识的机会,一个开始交流的平台。这个过程可能会很累很辛苦,但是当外国朋友告诉我,觉得通过这些活动,与我们更加亲近了,我就会觉得我们做的这些活动、办的这些平台都是值得的。”

从2015年至今,李重洋还在微信公众号和网络电台上进行写作,并制作俄语节目,向国内青年读者介绍俄语国家的流行文化,推送内容涵盖“俄罗斯动漫”“俄语流行音乐”“俄罗斯网红文化”“俄语网络新词”“汉语流行词俄译”“俄罗斯时尚文化”等独特新颖的题材,累计阅读量超150万次。

在采访中,他向记者提到,“不要限制自己的可能性”。身为文化交流的践行者,他仍在探寻自己的可能性。

编辑手记:李重洋同学的履历令人惊叹。他在短短四年大学期间,居然有如此丰富的阅历;他是如此多才多艺,并以此推动了中外的文化交流。成功的解释有很多种。别人看到你的成功,也许并不是你在意的那份成功;而你在意的成功,往往只是你喜欢并专注于一件事,然后有了一点小成就。李重洋同学身上就很好地体现了这一点。

林琛:山的梦

作者:林琛　编辑:李鑫　卢玥颖

林琛,北京外国语大学2015级汉语国际教育硕士研究生,2016年作为海外汉语教师志愿者赴罗马大学孔子学院任教一年。

林琛一直记得他在罗马大学孔子学院任教期间结识的一个人。

在他的班里,有一名特殊的学生。今年65岁,身体不太好。他说他喜欢爬山,最想去中国登高望远,于是林琛给他起了“蓝远山”这个名字。

“他似乎很喜欢这个名字,每一次的邮件往来,署名都是蓝远山。”蓝远山学习汉语的积极性很高,每节课都早早地来到教室,每次的作业都认认真真地完成。见到林琛,他总是笑着点点头,扯着沙哑的嗓子说“你好”。虽说当老师要“一视同仁”,可是不知为何,对这个格外认真的学生,林琛就是喜欢不起来——因为他年纪大,耳朵不太灵光,往往一个语法点要重复好几遍。与班上其他学生相比,他学得慢、记不牢,渐渐地林琛对他失去了耐心。

直到有一天,他发邮件说他最近不能来上课。

林琛没有问他原因,心里还有点小小的窃喜,毕竟如果没有他,可少了不少麻烦。半个月后,他重新回到了课堂,依旧早早地来到教室,不同的是——他瘸了。他并没有用拐棍,而是慢慢地、一瘸一拐地走着。林琛惊呆了,只不过半个月不见,他仿佛老了很多。他还是那样笑着,对林琛点点头,哑着嗓子说“你好”。

那天以后,他依旧是班上最努力的学生,从不缺课、不迟到,只不过他的腿再也没有好起来。他的听力好像更差了,他开始佩戴助听器。他依旧学得很慢,依旧是林琛的一个“麻烦”。但是林琛对他的感觉从“不耐烦”渐渐转变成了“不忍心”,因为他是那么的努力。

他经常看关于中国的纪录片，了解中国的历史和文化，他最感兴趣的是中国武术。他也经常问林琛关于汉语的问题，林琛也都一一解答。

“有好几次我都想问他，既然身体这样不好，为什么不好好休息，还要坚持来学汉语？可是看到他执着的样子，我又怕伤了他的自尊心。”

出乎意外的是，期末考试蓝远山考得不错。在结业典礼结束后，他送了林琛一个礼物，是一个大大的信封。打开一看，林琛愣住了，那是她在春节活动上表演太极扇的照片。照片照得非常清楚，一看就是站在离舞台很近的地方拍摄的。

“可是春节活动那天，广场上人山人海，挤得水泄不通，连孔院的老师也没有为我拍到一张正面的清楚的照片，他腿脚又不方便，怎么能……”林琛有些犹豫，接着进行了他的讲述。

蓝远山说他知道那天有中国春节的活动，有武术表演，还有他的汉语老师参与表演，所以那天他早早地就去排队，一直站在前几排，站了几个小时，就是希望能为林琛拍一张好照片……

后来我才知道，蓝远山的妻子很早就去世了，唯一的儿子在都灵工作，平时就是一个孤家寡人。他和中国的缘分源于李小龙的电影，通过电影喜欢上了那神秘的中国功夫和中国文化。他曾经跟随李小龙的弟子学过中国功夫，后来因为身体原因没有继续下去——他得的是帕金森综合征，身体活动受到了严重的限制。

后来他听说了罗马孔院，一个可以学习汉语和了解中国文化的地方，便毫不犹豫地报了名。每天学习一点儿汉语，了解一点儿中国文化，让枯燥无聊的老年生活变得丰富多彩，让埋藏在他心里多年的“中国梦”重燃希望。尽管他的记忆力在慢慢衰退，身体也一日不如一日；尽管他再也不能练习他最爱的武术，尽管，他永远也没有机会飞到遥远的中国登高望远……但是，他知道 ，只要心存梦想和希望，苦涩的日子也会变得微甜。

这让林琛的心泛起了无数涟漪。

“如果可以，我愿继续做一丝光亮，照亮他的汉语梦、中国梦。”

编辑手记：这个故事发生在两个人之间，题目名为山的梦，一语双关。这个梦是蓝远山学习汉语的热情和梦想，也是林琛做一丝光亮照亮有梦之人前程的理想。山的梦，梦有无限宽。在梦之间，有一种温暖徐徐上升。

徐蝴蝶:往前一步是晴天

作者:徐蝴蝶　编辑:王云芃　卢玥颖

徐蝴蝶,北京外国语大学中国语言文学学院汉语国际教育专业2016级研究生。研究生二年级作为海外汉语教师志愿者前往泰国任教一年。

抉择

前段时间,一个大三学生在茫茫网海中找到了徐蝴蝶,询问她考研方面的事情。几番对话下来,学生言语里处处透露着对国际汉语教育前途的迷茫与担忧,不知以后就业前景如何,又是否会有机会出国,出国后会不会被派到亚非拉国家去。不管蝴蝶老师如何分析劝说,学生依旧对未来显得不知所措,最后蝴蝶只得让她自己好好想想再来和她探讨。这件事对徐蝴蝶触动很大。她想,也许人难免如此:渴望太多,计较太多,时而被所想所思困住,迟迟不敢踏出行动的步伐,直到最后错过了关键时机。这让蝴蝶想起自己来泰国前,导师送给她的八个字——当断不断,必受其乱。当时的她,也十分纠结,是抓住来泰国的机会还是等澳大利亚的汉办项目,这似乎难以抉择。蝴蝶咨询了很多前辈的意见,分析了各种所能想到的利弊得失。"但后来想想,其实都是徒劳,因为只有真正去做才能化数不多的可能为现实。"徐蝴蝶说,如今回首,唯有感恩,一切都是最好的安排,往前一步总是好的。

海外

汉语教学志愿者在海外跨文化适应的情况千差万别，这不仅仅和所在国的文化环境有关，更与志愿者本身的性格、修养与追求息息相连。无论是在欧美国家，还是去亚非拉国家，具体情形如何，都要看造化。“毕竟事情的现状是多因素交织影响形成的，不一定欧美的月亮就比亚非拉的月亮圆。”这种月亮更圆的心理可能和“距离产生美”有关。远距离更容易产生神秘感，进而生敬畏。但是，近距离又往往因不懂得欣赏而错过。

近年来，泰国成为国人旅游的热门国家之一，尤其是颇具小清新韵味的清迈，更是中国人出游的必选之地。然而，旅途总是匆匆，“人们看到的大多是表层的物质文化，酸甜交杂的食物，随处可见的寺庙，显眼灵活的红车等，更甚者只是为了拍个美照发个朋友圈引人羡慕。要想深入了解领悟一个民族的深层文化，则需得停下匆匆脚步，细细品味，汉语教学落脚无疑是再合适不过的机会。”

清迈

泰国人素以懒散而闻名，清迈的闲适吸引了世界的旅人。在徐老师看来，这都与泰国深厚的农业文明有关。“当我去到帕府田间，看到当地农民建房于田中，与自己的土地昼夜相伴，我内心是很震撼的，由此可瞥见这个民族与自然有着怎样的情感连接。”泰国的传统节日有很多，大多与农业生产相关，这也就难怪泰国人民为何如此闲适安逸，只因一直随自然节奏劳作而不是采用工业机器生产线工作。“泰国的青山绿水如此可爱，人民格外朴实，没有过多的奢侈追求，也没有压力和攀比，他们总是满足而愉悦。”可爱朴实的农业文明，在这工业文明如此发达的世界，如何能独善其身？于是泰国开始进行农业工业化，也产出越来越多的工业产品，还发展了旅游业，其中最为显著的表现就是曼谷。而清迈，似乎还处于一个过渡的灰色地带，放眼望去，多是小巧精致的木质房屋，哪怕后方也有着新建大楼机器作业的声响；蓝天白云的日子看得多了，也有轻度雾霾的时候来进行点缀；农田好像藏起来了，能见的多是驻足路旁的一排排小商店，这里的脚步似乎比别处更为匆匆，学生也似乎多了些忧虑，不是担心找不到工作，而是要一个高薪职业。没有人认为维持原状甚至回到过去就是好的。也许，这座城市，这个国家，这里的人民也正在经历经济转型的阶段，有着诸多的不适和痛楚——前路茫茫，总是要努力尝试，往前一步。

往前一步

国家民族需要向前努力探索，个人更是应当如此。来泰国前，正是徐蝴蝶往前一步的日子，“那时我承担起对爸爸生命的责任，带着爸爸在医院穿梭，害怕与无助无人可诉，但我如此幸运地得到了朋友和学校的帮助与温暖，有人说我傻，为何一直默默承担从不言说，以为我的乐观向上孕育于一片无忧无虑的土壤，其实可能正因为深知生命的脆弱与人生的短暂，才能更加看清楚生命的意义和价值，才能更加懂得珍惜与感恩，每个人都有自己的生命使命与职责，都在负重前行，却仍然愿意对我伸出援手，拉我一把，这是我最为感动的。”正是这份深植于心间的温暖与感动，正是这种生命能量的良性循环，鼓励着她在泰国继续前行，努力尝试。

来到异国，语言不通最为不便，然而一旦脱去语言的外衣，人心都是热忱真挚的。一切还可以从头慢慢学习，慢慢理解，慢慢适应，没有诸多应该与不应该，也没有那些所谓的好与坏——放下心中的执念和成见，总能触摸到最赤热最真诚的脉动。“我对学生投之以真心，她们带我纵情于泰国山水与人文；我对环境倾之以好奇，回报我的是文化密码与思维轨迹；我对朋友报之以真诚，收获的是共同成长与温暖关心。”不是说付出就是为了得到回报，这样难免会剥夺领略过程的幸福，但往前一步总能发现不少惊喜；深陷自我的困境固步不前，无法自拔，只能恶性循环，耗尽生命的能量。回国后，徐蝴蝶依然需要承担起家庭责任，完成自己的学业任务，积极探寻自己的职业方向，思索自己的社会角色与人生意义，但是，她并不烦恼，她愿意享受每一步地抬起与落下，“因为正是它们组成了我生命里最重要的一部分”。

迷茫似乎是每个人不同阶段必经的主题。有时候，迷茫并非无路可走，而是在条条曲径面前不知方向如何。但这本身也许就是一种幸福——毕竟还有抉择可做，不像在一些情况下根本无可选择。“那么，就大胆地往前走吧，相信自己，带着感恩与积极，沉浸在当下的每一步中，终会发现无论走哪条路，总是有所失有所得，有时看似前路崎岖，下一步兴许又能柳暗花明，这一切都决定于自己，而这种生命轨迹的历险与不确定性也正是生命的魅力所在。”

编辑手记：成长的每一步仿若都走在分岔路口，曲径虽有，却不知哪条通幽。阻碍我们的，往往是抉择前的局促和踌躇。希望所有人都能像蝴蝶一样，大胆选择，勇往直前，脚踏实地开出一条路。

薛珊:两种文化的距离——从汉语到韩语有多远

作者:薛珊　编辑:李鑫　卢玥颖

薛珊,北京外国语大学亚非学院朝鲜语专业 2010 级本科生,中国语言文学学院对外汉语教育专业 2016 级研究生。薛珊与韩国外国语大学有着不解之缘,她的第一个韩国朋友即为韩国外国语大学的学生,2011 年她参加了韩国外国语大学韩流汉语夏令营,担任韩国学生的辅导老师,研究生期间又作为汉语教师志愿者赴韩国外国语大学孔子学院工作生活一年。

教学生涯开始:日常工作自有趣味

薛珊在韩国外国语大学的生活主要分为教学工作、文化活动与行政工作三部分,三项工作各具特色,也都给她带来了不同的收获。

其实,薛珊与韩国外国语大学的缘分可以追溯到大学时代,她的第一个韩国朋友即为韩国外国语大学的学生。"我跟着她学习到了最地道的韩语,也努力帮助她学习汉语";2011 年薛珊参加了韩国外国语大学韩流汉语夏令营,担任韩国学生的辅导老师,薛珊坦言,这是她汉语辅导的初体验。"因此,工作中我的适应期较短,来到熟悉的学校,我也很快投入到了紧张的工作之中。"

"我的学生们很令人敬佩。孔院的学生年龄层多样,不仅仅有大学生,还有一边学习一边工作的汉语爱好者。"汉语课安排在每天早上八点,比韩国一般的上课、上班时间早一个小时,但是这并没有影响学生来上课的热情。

薛珊的班里有一位七十余岁的老爷爷,每天坚持提前 15 分钟来到教室,但每天下课都急急忙忙地离开,薛珊很不解。后来她才知道这位老爷爷供职于研究院,九点要赶到办公室开始一天正常的工作。因此每次看到他整齐地打着领带穿着西装,拿着汉语书匆匆走出教室的背影,薛珊的敬佩之情都会油然而生。

另一位四十多岁的学生是中文系在读的博士。“他的汉语水平是全班最好的,但课堂上还是经常可以看到他认真地模仿我的口型和发音,特别是他嘟圆了嘴去努力发韵母‘ü’的样子总让我觉得又可爱又让人敬佩。”

薛珊班里还有个“问题学生”。是一位五十多岁的叔叔,他对中国文化很感兴趣所以选择来孔院学习汉语,课下也会看中国新闻、中国电视剧电影,每节课都准备了中国文化、社会生活等方方面面的问题跟我讨论,“所以我开玩笑说他是‘问题学生’,当然这样的‘问题学生’带给老师的感动远远大于烦恼。”

在韩生活一年:平淡生活中的温度

对薛珊而言,韩国是个熟悉的老地方,赴韩留学的经历、短期活动的体验都是满满的回忆;对她来说,韩语是种熟悉的语言,从本科一年级时的“咿呀学语”到大学毕业时提交的韩语毕业论文,韩语已经成为了她生命的一部分。

2016 年 9 月,薛珊再次踏上韩国国土,起初她觉得这只是平淡无奇的体验,但是九个月过去了,她开始感受到这次来韩国的经历与之前的四次都不同,孔子学院汉语教师志愿者的工作和生活让她与韩国的第五次亲密接触变得浓墨重彩起来。

转眼间来,薛珊已经在韩国度过了一年。春天来了,首尔的雪化了,山绿了,但中韩关系却进入了严冬。国内的亲友一天天更担心薛珊在韩的生活是不是也因两国关系受到影响,告诉其要多多小心。

但薛珊坦言,日常生活中的正能量还是非常多的。

“从北外毕业的韩国朋友说,中国是他学习和生活了五年的地方,是他的另一个家,希望两个家能快快和好。”有次薛珊乘坐出租车,出租车司机叔叔一如既往地喜欢拉家常,询问了她在韩国的工作后,认真地对她说:“感谢您来到韩国教汉语,感谢您对我们国家学生们的付出!”

“商店老板知道我是中国人后,说新总统上任了,韩国和中国的关系会越来越好的。民众是一个国家的力量之源,这涓涓的细流,这点点的阳光正在凝聚起来,期盼冰雪的融化。”薛珊也是这点点阳光中的一束,为冰雪的融化贡献自己的温度。

脚步丈量距离:两种文化相距不远

“我的学生们也很暖人心田。学生们课前帮我设置好各种设备,课后帮我擦黑板,还总说这是作为学生应该做的。”薛珊对于这一点很感动,她的学生们重视礼仪,进入教室时会鞠躬问好,下课前会一起鼓掌,说“老师辛苦了”,然后鞠躬告别,在他们的影响下,薛珊的每一节课都充满了仪式感。

他们会突然给我一个惊喜,让我成就感满满。秋季学期的结业典礼上,孔院的全体学生到场参加,其中有一个环节是学生们做自我介绍并谈谈本学期学习汉语的感受。

按照汉语水平的高低,这个环节按从高级班到入门班的顺序进行,学生可以自由选择说汉语或是韩语。薛珊的入门班被安排在了最后,令她惊喜的是他们每个人都坚持用汉语做了详细的自我介绍,谈到感受时,第一个学生说“我喜欢我的老师!”,第二个学生说“我也喜欢我的汉语老师!”,其余学生说“我们都喜欢我的汉语老师!”。说完他们还回过头来,冲薛珊眨眨眼睛,骄傲地说“老师,这是我们学过的语法呀! 怎么样? 我们说得很对吧?”

“我点点头,对呀,你们都要把我暖化啦!”

第五次来到韩国的薛珊,用脚步丈量着从韩语到汉语的距离。薛珊喜欢出去走走,重温在韩国留学时的记忆,也邂逅新的惊喜。

“我穿梭在韩国的大街小巷,也去河边跑步,爬山看日落。我爱首尔的山,也爱首尔的水,一天天登山涉水,心境也随之更加开阔、明朗和平静。”对薛珊来说,从进入韩语专业到来韩国留学再到来韩国教汉语,她也体验着北外人不同的使命。大学时,在北外亚非学院韩语专业学习的薛珊,最常听到的话就是“北外人的使命是把世界介绍给中国”,身边的朋友们常常从世界各个角落带回新鲜的故事;而研究生阶段,在北外中文学院汉语国际教育专业学习的她,开始体会到“北外人的新使命是把中国介绍给世界”,“我的小伙伴们在世界各地孔子学院的讲台上,发出汉语悦耳的声响。”

从一个外语学习者,成长为一个汉语老师,汉语和韩语的故事写满了薛珊的五年,这短短的距离中,她体会到了北外人把世界介绍给中国和把中国介绍给世界的双重使命,更体会到了祖国综合国力的飞速提升。“我们都说有五星红旗的地方就有北外人的身影,现在我终于可以骄傲地说,自己也成为了北外身影中的一个,从孜孜不倦学习外语的北外人,到引领着汉语书声琅琅的北外人。”谈到这里,可以看出来,薛珊还是挺自豪的。

编辑手记:当时中韩关系处于冰冻期。但这不是预期局面,薛珊是缓冰斗士中的一员,用自己的温度为两种文化解冻。语言也许有差异,但差异不是非黑即白,也可能是犬牙交错中别有韵味的美,两种文化中间到底有多远呢?坚守北外人使命的薛珊用行动告诉了我们,其实不远。

王益芹:幸福的可能

作者:王益芹　编辑:王云芃　卢玥颖

王益芹,北京外国语大学2015级汉语国际教育硕士研究生,2016年作为海外汉语教师志愿者赴西班牙巴塞罗马孔子学院任教一年,选择这个专业之初,王益芹就想去西班牙看看。当得知北外其中一所孔子学院坐落在巴塞罗那的时候,这座城市的名字便深深刻在了她心里。王益芹总是告诉自己,想做的事情一定要去尝试,去实践,至少要念念不忘。“心心念念地去做一件事,才会出现幸福的可能。”

幸福的第一种可能——巴塞蓝天

王益芹说,她爱北京的包容,更爱大风过后北京望不到边际的蓝天。来了巴塞之后,蓝天竟常有,这让她万分欣喜。“初来乍到的那段时间,每天拍拍窗外的蓝天,看看时而舒展时而缱绻的白云,就能缓解一下工作的压力和思乡的情绪。”

天空是那种瓦蓝的颜色,阳光绚烂得让人睁不开眼。海边的风呼呼吹着,却意外温和,海水的颜色是那么明亮,蓝得看不到与天的边界。“我们志愿者一行五人常常去看海。吹吹海风,晒晒太阳,拍拍照,聊聊天,有一种度假的错觉。这里的环境真是美好得无与伦比。”

能够在这座阳光之城实习,是她收获的第一份幸福。

幸福的第二种可能——学生之“镜”

王益芹任教的班级一共有三个,学生的汉语水平从初级到中级都有。学生包括青少年、成人、老年朋友,其中不乏阅历丰富的长者,亦有思维活跃的孩子。“师者,传道授业解惑也”,初为人师,面对他们,王益芹终日惶惶然,害怕误人子弟。每堂课都战战兢兢,力争做到精益求精。上课之前的时间是充足的,没有文化活动的日子,常常一整日都用来备课。虽说时常有大把时间,但仍觉得不够。

值得庆幸的是孔院提供了良好的教学环境。图书馆中无论是工具书还是各种汉语教材,应有尽有,前几届老师们留下来的多媒体资料也非常丰富,除此之外,孔院在王益芹一行到任之初还组织了各类岗位培训。“北外有一群老师,随时能够向他们请教并得到远程指导”,有了这些帮助和支持,王益芹忐忑的心变得愈发安定,开始有条不紊地展开教学。

“‘弟子不必不如师,师不必贤于弟子’,我在《新实用课本》的 29 课给学生教《师说》里的这句话,同时也是告诫自己。在这段时间的教学中,学生们如一面面明镜,时刻监督我,帮助我正衣冠、改所短。”

B 级班的学生人数最多,有趣状况层出不穷。

王益芹讲述:“曾经有个学生,我私下戏称他为‘十万个为什么’。第一堂课上,他便连环追问各种语法、词汇问题,虽然见招拆招,但是当时背后已冒起冷汗。但是我还是感谢他,感谢他那么多问题,督促我思考。比如,其中有个问题是‘为什么要用把字句?什么时候用把字句?’,他的疑问不在于‘把’字句的结构,也不在于‘把’字句中否定词的位置,而在于为什么,什么时候用。这个问题我以前真的不曾思考,作为汉语语法里的一个较大的语法点,曾经我翻阅书籍,学习了各种讲解‘把’字句的方法,也了解它对于学生的难点,但是我从没想过‘所以然’。因为他的追问,我至今仍在探索这个问题。对我来说,使用‘把’字句只是脱口而出的事情,为什么要用呢?一个原因是语言自身发展的特点,这就像英语有人称和数的变化,西语中有性的变化,而汉语就是有‘把’字句啊。这是我当时给他的回答,显然他并不是很满意,而我自己也还在思考。”

除了“督促”王益芹反思的学生之外,还有学生常常和她比赛学习。王益芹与班里的学生共同下载了一个背单词的 APP(menrise),注册之后,互相成为好友。

这样所有人学习的进度都一目了然,不同的是王益芹背西语单词,而学生背汉语文字。这个软件会根据每日学习量和背诵的单词数目计算分数,在好友间给出积分排名,大家就可以了解他人的学习情况。"坦白说,学习语言除了坚持和刻苦,别无捷径。作为新手教师,前面已经描述过内心的惶惶不安了,我几乎将所有心思花在备课上面,西语学习这一块并不太重视。但是B班有一名学生每隔几天就将该APP上的学习排名截图发到我们汉语班级的群里,并标出我的排名,义正词严地跟我说:'老师,你应该加油学习了'。每每如此,我都哭笑不得,只好硬着头皮又追赶着背单词。"王益芹的内心深处偶尔也会冒出"好累"二字,但她觉得,既然为人师表,学习这块就要逼着自己做出一个榜样。

"看着学生们日益进步,对我来说就是最好的鼓励。"

幸福的第三种可能——小小螺钉

上课之余,王益芹也是文化活动的小螺钉。语言和文化交融在一起,学习一种语言,离不开了解她的文化。孔院也深明此理,每个月大大小小的文化活动有三四个。从常规的汉语角到春节游行,从三毛西语和加泰罗利亚语版《撒哈拉的故事》发布会,到孔子学院日人大教授所做的系列讲座,再到巴塞孔院品牌系列中小学活动"你好!中国!",巴塞罗那孔子学院聚力为学生提供一个了解中国的窗口,为学生打开通往中国的大门。

这些活动中总少不了志愿者教师的身影,王益芹直言:"我们不是书法大家,不是艺术大师,也不是烹饪达人,更不是儒学大牛,但我们就像螺丝钉一样,在每一场活动中紧紧扭在所有细微关口。学生通过这些文化活动更接近中国,我自身通过这些活动也开阔了眼界,拓宽了思路。这是作为螺丝钉的一种幸福。"

幸福的第四种可能——他乡的国人

除了担任汉语教师外,在巴塞罗那,王益芹还有一个身份——中国游客。

"周六日闲暇之时,我们志愿者教师一行也会去看看圣家堂,去看看巴特罗之家,去逛逛奎尔公园,感叹高迪对色彩卓绝的把握;去波盖利亚市场吃点儿传统小吃，品一杯桑格利亚果酒，抚慰一下寂寞的味蕾；去余秋雨笔下的‘流浪者大街’兰布拉大道走走，走在熙熙攘攘的人群中，感受这份都市中的热闹。”他们常在蒙锥克山上吹风：一面是海，一边有山，大自然的鬼斧神工和城市设计者的巧夺天工完美融合。欣赏几次毕加索的画作，看几场弗朗明戈的表演，巴塞罗那独有的风情，令王益芹乐之爱之。

“巴塞的中国人并不少，不管以前他们对于中国或者中国人的印象怎么样，作为志愿者教师来说，我们恪守自己的道德标准，严格要求自己，为巴塞这座城市提供了多一种可能去了解中国人。”

因为实习的工作是教汉语，工作中也是以汉语交流为主，王益芹有时候会忘记自己是身在他乡的异国人——她完全沉醉在作为一个中国人的幸福里。

郁葱岁月，点滴时光，一路上，王益芹不断发现生活的美好和幸福的可能。就像歌词里所写，“致青春这一段行走的时光，给生命一次使命的担当”。“愿所有汉语志愿者都能快乐逐梦远方，一路上寻找美好，发现幸福。”

编辑手记：去巴塞罗那看看。这不仅是一个行走世界的愿望，更是彰显中国青年文化自信的难得机遇。谦虚、守节、勤勉、真诚，在王益芹身上，我们看到了一位中国教师身上最好的侧影。愿更多像王益芹一样的有识青年承担起传播中华文化的重担，让各国文明在交流碰撞中生出新的可能。